Eugen Kilian

Itinerar Kaiser Heinrichs IV.

Eugen Kilian

Itinerar Kaiser Heinrichs IV.

ISBN/EAN: 9783743656291

Hergestellt in Europa, USA, Kanada, Australien, Japan

Cover: Foto ©ninafisch / pixelio.de

Weitere Bücher finden Sie auf **www.hansebooks.com**

Itinerar

Kaiser Heinrichs IV.

Nach den Quellen bearbeitet

von

Dr. Eugen Kilian.

Karlsruhe.
Druck von Friedrich Gutsch.
1886.

Herrn Hofrat

Dr. Eduard Winkelmann

in Heidelberg

in Dankbarkeit gewidmet.

Vorwort.

Die Quellen für die nachfolgende Arbeit scheiden sich in **chronistische Nachrichten** und **Urkunden**.

Was die ersteren betrifft, so verdienen den Vorrang vor andern die **zeitgenössischen** Werke; unter ihnen die **lokalen** Quellen für das Territorium, in dem sie geschrieben sind.

Es ist einleuchtend, dass der Wert der Lokalnachrichten in erhöhtem Masse in Anschlag kommt für die Zwecke, wie sie das Itinerar erheischt. Denn der Besuch des Königs in einem Kloster etc. war ein so bedeutsames Ereignis, dass die Datierung desselben wohl mit besonderer Sorgfalt in den betreffenden Annalen vermerkt wurde.

Widersprechende Nachrichten in Chroniken und Annalen finden sich hauptsächlich in den Angaben über die Orte, wo die grossen Festtage, Weihnachten, Ostern etc. vom König begangen wurden.

Zur Entscheidung in solchen Fällen sind verschiedene Gesichtspunkte massgebend. Lokalnachrichten, Übereinstimmung mehrerer von einander unabhängigen Quellen, Urkunden, die in der Zeit nahe um die betreffenden Feste erlassen sind, werden in den meisten Fällen den Ausschlag geben.

Für die Erklärung der häufigen Widersprüche in den chronistischen Angaben über den Ort der Weihnachtsfeier, Osterfeier etc. wurden neue Gesichtspunkte geltend gemacht von Bresslau[1]), dessen diesbezüglichen Ausführungen ich mich völlig anschliesse. Bresslau will die Mehrzahl jener Widersprüche durch die Existenz von schriftlichen Reisedispositionen erklären, welche jährlich im Reiche verbreitet wurden und die Städte, Klöster etc. von dem geplanten Itinerare des Königs in Kenntnis setzten. Oftmals nun änderte der Hof aus einem bestimmten Grunde seinen ursprünglichen Plan. Schriftsteller, die von solchen Änderungen keine Kenntnis erhielten, vermerkten in ihren Aufzeichnungen den Ort der Reisedisposition und gerieten dadurch in Widerspruch mit denjenigen Chronisten, die genauer unterrichtet wären. Dabei bestreitet Bresslau keineswegs, dass eine Reihe von Fällen wahrscheinlich auch auf blosse Irrtümer, Nachlässigkeiten etc. der betreffenden Annalisten zurückzuführen sei.

Bresslau giebt a. a. O. für die Jahre von 1025—1073 eine Zusammenstellung der divergierenden Itinerarangaben bei den hervorragendsten Schriftstellern des 11. Jahrhunderts. Was seine Entscheidungen in den einzelnen Fällen betrifft, so bin ich für die Regierungszeit Heinrichs IV., unabhängig von Bresslau, überall zu denselben Resultaten gelangt wie dieser Forscher. Auf Einzelheiten der Bresslau'schen Erörterungen werde ich des öfteren Gelegenheit haben zurückzukommen.

Was die zweite Kategorie von Quellen, die Urkunden, anbelangt, so musste ich mich bezüglich der Scheidung von echten und unechten Diplomen im grossen und ganzen darauf beschränken, mich an die durch die neusten

---

[1]) Bresslau, die unrichtigen Itinerarangaben der Annalen und Chroniken (Exkurs I. zu den Jahrbüchern Konrads II., II., p. 425—430).

Arbeiten gewonnenen Resultate anzuschliessen. Eigene spezialdiplomatische Untersuchungen lagen meinem Arbeitskreis zu fern.

Die Frage, ob eine verdächtige Urkunde als echt oder unecht zu betrachten sei, verlor für den Zweck der nachfolgenden Arbeit dadurch an Wichtigkeit, dass ich glaubte, auch zweifelhafte und untergeschobene Diplome in den weitaus meisten Fällen für das Itinerar verwenden zu können.

Dabei leiteten mich folgende Erwägungen: Bei einer gefälschten Urkunde ist es nicht ausgeschlossen, in einer grossen Anzahl von Fällen sehr wahrscheinlich, dass dem Fälscher ein echtes Diplom als Vorlage diente, aus dem er Formeln des Eschatokolls, namentlich die Datierungsangaben in seine eigene Arbeit herübernahm. Dass es einem Fälscher, namentlich, wenn er den Kanzleigebrauch nicht völlig sicher beherrschte, sehr wertvoll sein musste, eine echte Urkunde als Vorlage zu benützen, bedarf keiner Begründung. Aber selbst in Fällen, wo es dem Fälscher nicht möglich war, sich eine echte Vorlage zu verschaffen, ist anzunehmen, dass sich derselbe möglichst genau über das Itinerar des angeblich ausstellenden Fürsten vergewisserte, um nicht durch den ev. Widerspruch seiner Datierungsangaben mit denen echter Diplome seine Fälschung zu verraten. Dass diese Vorsicht wirklich in den meisten Fällen von dem Fälscher gebraucht wurde, zeigt der Umstand, dass die Mehrzahl der bei Stumpf als verdächtig oder unecht bezeichneten Diplome sich, ohne zu stören, dem nachgewiesenen Itinerare einfügt. Ausnahmen, wo der Fälscher willkürlich verfuhr oder nur ungenügende Vorsichtsmassregeln gebrauchte, kamen natürlich ebenfalls vor, und manche Urkunde legt davon Zeugnis ab.

. Der Grundsatz, nach dem ich bei Behandlung der Urkunden verfuhr, war hiernach der: **ich glaubte, auch Diplome von zweifelhafter Echtheit für das Itinerar verwerten zu können, wenn die Datierungsangaben derselben dem sicher nachge-**

wiesenen Itinerare nicht widersprachen und
sich passend demselben einfügten; unberücksichtigt dagegen mussten diejenigen unechten
Diplome bleiben, deren Datierungsangaben auffallende Widersprüche mit dem sicher belegten
Itinerare zeigten. —

Wo sich zwischen echten Urkunden oder zwischen
Urkunden einerseits und chronistischen Angaben andrerseits Widersprüche zeigten, bezw. wo
sich durch Zusammenstellung der verschiedenen Nachrichten ein unregelmässiges, durch unmotiviertes Hin- und
Herziehen auffallendes Itinerar ergab, das den Verdacht
der Unrichtigkeit erweckte, musste es meine Aufgabe sein,
die etwaigen Ursachen solcher Verschiebungen in dem
Quellenmaterial aufzudecken und durch Kombinationen,
welche aus analogen Fällen wahrscheinlich waren, die
Unwahrscheinlichkeiten des Itinerars zu beseitigen.

Hierfür leisteten vor allem die epochemachenden Untersuchungen Fickers[1] treffliche Dienste. Ficker hat durch
eine Sammlung von Beispielen zahlreiche Fälle belegt,
in welchen durch nichteinheitliche Datierung, z. B. Beziehung des actum auf die Handlung, des data auf die
Beurkundung, oder durch Beziehung der Datierungsangaben auf verschiedene Stufen der Beurkundung Verschiebungen des urkundlichen Itinerars entstanden, die
dasselbe zu einem mehr oder weniger unrichtigen machten.
Durch diese Wahrnehmung ist das Mittel an die Hand
gegeben, ein auffallendes oder unwahrscheinliches Itinerar,
allerdings nicht vermittelst sicherer Beweise, sondern meist
nach Wahrscheinlichkeitsgründen zu rektifizieren. —

Für die Verwertung der Urkunden zum Itinerare
Heinrichs IV. kommt noch eine besondere prinzipielle
Frage in Betracht. Es ist die Frage, ob das urkundliche
Itinerar auch für die Zeit der vormundschaftlichen Re-

---

[1] Ficker, Beiträge zur Urkundenlehre (Innsbruck 1877), 2 Bde.

gierung (bis zum 29. März 1065) für die Person des jungen Königs massgebend ist. Sind wir berechtigt, aus den Diplomen, welche Kaiserin Agnes, welche die Bischöfe, welche Anno und Adalbert als Reichsregenten im königlichen Namen ausstellen lassen, auch auf jeweilige Anwesenheit des jungen Königs an dem betreffenden Orte zu schliessen?

 Diese Frage könnte nur dann eine befriedigende Antwort erhalten, wenn wir durch Chronisten und Annalisten ausführliche Nachrichten speziell über die Aufenthaltsorte und Reiserouten des königlichen Knaben besässen. Eine Vergleichung derselben mit dem urkundlichen Itinerare würde über die Frage, ob das letztere benutzt werden darf, entscheiden. Allein die diesbezüglichen Nachrichten der Chronisten für jene erste Zeit sind so dürftig, dass ein Verfahren wie das angedeutete nur in beschränktem Masse möglich ist. Da diejenigen chronistischen Angaben indess, welche über diese Punkte Aufschluss geben, im Vergleich mit dem urkundlichen Itinerare nicht mehr Widersprüche zeigen, als dies auch in andern Perioden der Fall ist, im grossen und ganzen aber mit der Datierung der Diplome übereinstimmen, so wird wohl auch für die Zeit der vormundschaftlichen Regierung aus den Urkunden auf die Aufenthaltsorte des jungen Königs geschlossen werden dürfen. —

 Zu den praktischen Ergebnissen, die eine Untersuchung wie die nachfolgende, abgesehen von den Resultaten für die Detailforschung, einzelnen Gebieten der Geschichtschreibung vielleicht bringen dürfte, gehört wohl auch die Möglichkeit, aus dem Itinerar einen annähernd richtigen Massstab für die Geschwindigkeit der Reisebewegungen des königlichen Hofes gewinnen zu können. Diesbezügliche Schlüsse sind natürlich nur da, wo das Itinerar ein sicher bezeugtes ist, erlaubt. Besonders bei solchen Bewegungen, wo der König zur Eile genötigt war und eine gewisse Strecke aller Wahrscheinlichkeit nach ohne grössere Unterbrechungen zurücklegte, werden derartige Erörterungen von praktischem Nutzen sein (cf. u. zum Jahre 1084).

Es braucht kaum hervorgehoben zu werden, dass die aus solchen Schlüssen gewonnenen Resultate umgekehrt wieder ein nicht unwichtiges Hülfsmittel zur Kritik des Itinerars in andern Fällen an die Hand geben.

Was die Form der Darstellung in der nachfolgenden Arbeit betrifft, so war ich im Zweifel, ob ich, etwa im Anschluss an eine tabellarische Übersicht des Itinerars, bloss diejenigen Punkte, wo ich wirklich Neues gefunden zu haben glaube, in Anmerkungen oder Exkursen ausführlich erörtern sollte, oder ob ich eine zusammenhängende Gesammtdarstellung des ganzen Itinerars Heinrichs IV., wie sich mir dasselbe Jahr für Jahr aus den Quellen ergab, wählen sollte. Ich entschied mich für das letztere, obgleich mir die Schwierigkeiten einer derartigen Ausführung nicht entgingen. Namentlich machte die Natur des Gegenstandes eine gewisse ermüdende Eintönigkeit der Darstellung fast unvermeidlich. Dennoch glaube ich, dass die von mir gewählte Form manche Vorteile bietet gegenüber jener andern, für die mir namentlich die völlige Herausreissung des Itinerars aus dem geschichtlichen Zusammenhange störend schien.

Ich bemühte mich, in meiner Darstellung bei den einzelnen Reisebewegungen des Königs überall, wo möglich, den Zweck und inneren Zusammenhang derselben durchleuchten zu lassen. Die Schwierigkeit lag dabei nur darin, den richtigen Mittelweg nicht zu verlassen und alles das zu vermeiden, was nicht in irgend einer Beziehung zu der eigentlichen Aufgabe meiner Arbeit stand.

Der zusammenhängenden Darstellung lasse ich eine tabellarische Übersicht des Itinerars folgen, in welcher ich der Übersichtlichkeit wegen keine Quellennachweise gebe, sondern statt deren jeweilig auf die betreffende Seite meiner Abhandlung verweise.

Zum Schlusse möge es mir gestattet sein, an dieser Stelle meinem verehrten Lehrer, Herrn Hofrat Winkelmann, meinen aufrichtigen Dank auszusprechen für die zahlreichen Anregungen, mit denen derselbe meine Arbeit während ihrer Entstehung unterstützt und gefördert hat.

Heidelberg, im November 1885.

E. Kilian.

1050. Heinrich IV. wurde geboren am 11. November 1050 ¹). Das Jahr berichten die Chronik Hermanns von Reichenau ²) und die Altaicher Annalen ³), erstere ohne nähere Zeitbestimmung, die letzteren mit der allgemeinen Angabe: „autumno". Das Datum wird überliefert von Lambert ⁴), doch offenbar irrtümlicher Weise zum Jahre 1051. Der Ort, wo Heinrich geboren ist, wird uns durch keine Quelle berichtet; Giesebrecht ⁵) vermutet Goslar. Die Weihnachtsfeier des Jahres 1050 beging Kaiser Heinrich III. mit dem Neugeborenen in Pöhlde, im Harz, wobei die versammelten Fürsten dem Knaben den Huldigungseid leisteten. Hermann von Reichenau giebt als Ort dieser Weihnachtsfeier Goslar an; doch verdient seine Angabe kaum Glauben gegenüber dem gemeinsamen Zeugnis Lamberts (ad 1052, rect. 1051) und des Altaicher Annalisten, die beide Pöhlde als Ort jener Feier nennen. —

1051. Zu Ostern 1051, am 31. März, fand nach der übereinstimmenden Angabe der drei genannten Quellenschriften (Lambert ad 1052, rect. 1051) zu Köln die Taufe des Knaben durch Erzbischof Hermann statt. ⁶) —

---

¹) cf. Steindorff, Jahrbücher des deutschen Reichs unter Heinrich III. (Leipzig 1881), II, p. 117.
²) M. G. SS. V, p. 67—133.
³) Ich citiere dieselben nach der Giesebrecht'schen Ausgabe in den Scriptores rerum germanicarum in usum scholarum (Hannover 1868).
⁴) M. G. SS. V, p. 134—263.
⁵) Giesebrecht, Kaiserzeit (4. Aufl.) II, p. 474.
⁶) cf. Steindorff, a. a. O. II, p. 139 ff.

1052. Zum Jahre 1052 fehlt jede Nachricht über Heinrich IV. —

1053. 1053 liess der Kaiser auf einer im Herbste zu Tribur abgehaltenen Reichsversammlung[1]) seinen Sohn zum König und Nachfolger erwählen (Herim. Aug.). Im Dezember verliess er die Rheingegenden, feierte Weihnachten mit dem jungen Heinrich zu Ötting, am Inn, und belehnte denselben hier mit dem Herzogtum Bayern (Herim. Aug., Ann. Alt.). —

1054. Im Jahre 1054 finden wir den Thronfolger am 17. Juli zu Aachen, wo seine feierliche Weihe zum König durch Erzbischof Hermann von Köln vollzogen wurde. Diesen Vorgang berichtet Lambert, indes ohne Angabe des Datums. Letzteres erhellt aus einer Urkunde Heinrichs IV. vom 3. August 1101 (St. 2955) durch die Worte: „die ordinationis nostrae in regnum, id est 16. Kal. Aug.[2])".

Schon aus dem Jahre 1054, besonders aber aus den Jahren 1055 und 1056, haben wir eine grosse Reihe von Urkunden Heinrichs III., in denen der unmündige junge König als Intervenient genannt wird. Es kann natürlich nicht daran gedacht werden, daraus irgend einen Schluss auf das Itinerar Heinrichs IV. ziehen zu wollen. Denn abgesehen davon dass es an sich schon unzulässig ist, aus der Nennung einer Person als Intervenient auf die Anwesenheit derselben bei Hofe zur Zeit der Ausstellung der Urkunde zu schliessen, hat besonders Ficker[3]) darauf hingewiesen, dass es sich in den Diplomen Heinrichs III., wo die Kaiserin oder der unmündige Sohn als Fürbitter erscheinen, nur um eine „sachlich ganz bedeutungslose Füllung der hergebrachten Formel" handle. —

---

[1]) cf. Steindorff, a. a. O. II, p. 227 ff.
[2]) cf. Steindorff, a. a. O. II, p. 279, Note 8.
    Giesebrecht, Kaiserzeit II, p. 665.
[3]) Ficker, a. a. O. I, p. 324.

Das Weihnachtsfest 1055 beging der Kaiser nach **1055.**
Berthold¹) in Zürich und verlobte seinen Sohn bei dieser
Gelegenheit mit Bertha von Turin, Heinrichs IV. nachmaliger Gemahlin. —

Für die erste Hälfte des folgenden Jahres, 1056, **1056.**
verdanken wir der Translatio s. Servatii des Jocundus²)
eine Nachricht zu dem Itinerare des jungen Königs. Es
wird a. a. O. c. 47 die Wundergeschichte von den vierzig
Verbrechern in Goslar, deren Befreiung daselbst durch
die Einmischung der Heiligen und die Gnade Kaiser
Heinrichs III. erzählt. Diese Begebenheit setzt Jocundus
auf den 13. Mai, das Fest des heiligen Servatius, und erwähnt dabei die Anwesenheit des jungen Heinrich. Die
Angabe, dass auch dessen Verlobte zugegen gewesen sei,
gewährt einen Anhalt zur Bestimmung des Jahres, das
in der Translatio nicht genannt ist. Es erhellt aus dem
unter 1055 Berichteten, dass hier nur der 13. Mai 1056
gemeint sein kann, der sich somit als Datum für den Aufenthalt der kaiserlichen Familie in Goslar ergiebt. Die
Nachricht fügt sich dem Itinerare Heinrichs III. passend
ein.³).

Am 5. Oktober 1056 starb Kaiser Heinrich III. zu
Bodfeld, im Harze, nachdem er den schon designierten
König nochmals feierlich hatte wählen lassen und denselben dem Schutze des Papstes Viktor II. empfohlen
hatte⁴). Die Anwesenheit des Knaben an dem Sterbelager
des Vaters wird zwar in den Quellen nicht ausdrücklich
erwähnt, ist aber wohl aus dem Sinn derselben mit Sicherheit zu vermuten. Desgleichen wird Heinrich auch bei
der feierlichen Beisetzung des Vaters zu Speier am 28.
Oktober zugegen gewesen sein.

---

¹) M. G. SS. V, p. 264—326.
²) M. G. SS. XII, p. 85—126.
³) cf. Steindorff, a. a. O. II, p. 338, Note 10.
⁴) cf. Steindorff, a. a. O. II, p. 354 ff.

1056. Wir treten somit in die Zeit der vormundschaftlichen Regierung der Kaiserin Agnes. — Was das Itinerar Heinrichs für die folgenden Jahre betrifft, so beschränken sich die Quellen für dasselbe fast lediglich auf die hier allerdings ziemlich zahlreich vorhandenen Urkunden des Königs. Die Nachrichten der Chronisten und Annalisten aus dieser Zeit sind äusserst dürftig und unterstützen nur in sehr geringem Masse die Feststellung des Itinerars. Dasselbe kann demgemäss für diese Jahre nur eine mehr oder weniger tabellarische Aufzählung der Orte sein, von denen aus der König, bezw. die Kaiserin urkundete. Einen inneren Zusammenhang zwischen den Reisebewegungen des Hofes herzustellen dem blossen Gerippe von Ortsnamen durch Fleisch und Blut erst Leben zu verleihen, muss bei den spärlichen Nachrichten der Geschichtschreiber hier häufig als eine Aufgabe der Unmöglichkeit erscheinen.

Nach dem Bericht der Ann. Alt. geleitete Papst Victor II. nach dem Tode des Kaisers am 5. Oktober 1056 den jungen König nach Aachen, wo dessen Inthronisation erfolgte[1]. Dieselbe Quelle erzählt, dass Heinrich sich hierauf nach Köln begab, wo sich ihm Balduin von Flandern, der lange gegen seinen Vater rebelliert hatte, unterwarf. Der Aufenthalt des Hofes in dieser Stadt wird bestätigt durch zwei Urkunden vom 5. und 6. Dezember (St. 2528 und 2529). Kaiserin Agnes scheint hier einen Reichstag abgehalten zu haben, auf dem neben der erwähnten Unterwerfung Balduins auch die Aussöhnung mit Herzog Gottfried dem Bärtigen erfolgte[2]. Mitte Dezember ungefähr muss Heinrich Köln verlassen und sich nach Bayern gewandt haben; wir treffen ihn nach der übereinstimmenden Angabe von Lambert, Berthold und der Ann. Alt. am 25. Dezember in Regensburg, daselbst

---

[1] Ann. Alt. a. 1056: Rex vero Heinricus per dominum papam ad Aquasgrani deducitur et in sede regali collocatur.

[2] cf. Stenzel, Geschichte Deutschlands unter den fränkischen Kaisern (Leipzig 1827), I, p. 188 ff.

mit Papst Viktor das Weihnachtsfest begehend. Hier hielt 1056.
er nach den Altaicher Annalen mit den Reichsfürsten ein
„colloquium generale", woselbst unter anderm Konrad, Bruder
des Pfalzgrafen Heinrich, mit dem Herzogtum Kärnthen
belehnt wurde. —

Ende Januar 1057 brach der Hof von Regensburg 1057.
auf und zog donauaufwärts gegen den Rhein. Zwei Urkunden vom 4. und 9. Februar (St. 2531 und 2532) bezeugen einen mehrtägigen Aufenthalt in Neuburg an
der Donau. Das Osterfest am 30. März beging Heinrich
nach den Ann. Alt. zu Mainz und übergab hier das erledigte Bistum Bamberg dem Kanzler Günther. Am 4.[1])
und 5. April finden wir den Hof gemäss den Urkunden
St. 2534 — 2539 in Worms. Von hier brach er wahrscheinlich in der Mitte dieses Monats auf, zog den Rhein
abwärts und war am 23. und 25. April in Kaiserswerth,
wie zwei unter diesen Daten hier ausgefertigte Diplome
(St. 2533[2]) und 2540) beweisen. Kurz darauf wandte der
König den Rheingegenden den Rücken und begab sich
ostwärts nach Sachsen, woselbst eine Urkunde zu Corvei
vom 26. Mai (St. 2541) einen Anhalt für das Itinerar gewährt.
Auf diesem Zug vom Niederrhein zur Weser scheint
Heinrich Paderborn berührt zu haben. Ich stütze mich
in dieser Annahme auf eine mir sehr glaubhaft erscheinende Hypothese Fickers[3]), die derselbe bei Betrachtung
einer Urkunde Heinrichs IV. vom 7. April 1059 (St. 2573)
gewinnt. In diesem zu Utrecht ausgestellten Diplom „bekundet der König, wie er „post patris nostri semper lamentandum obitum pro animae illius aeterna requie" einen
Forst an Paderborn zurückgestellt habe". Ficker zitiert
diese Urkunde, um zu zeigen, dass zwischen Handlung
und Beurkundung nicht selten sogar ein Zeitraum von

---

[1]) oder 3. April? cf. St. 2534.
[2]) cf. Stumpf, II, p. 532.
[3]) a. a. O. I, p. 187.

1057. Jahren liegen könne. Denn er schliesst mit Recht aus dem angeführten Wortlaut des Diploms, dass jene Schenkung an Paderborn in eine dem Tode Heinrichs III. nicht zu fernliegende Zeit gesetzt werden müsse. Als dem Itinerare am besten entsprechend nimmt er demgemäss für den Mai 1057 einen Aufenthalt des Königs in Paderborn an.

In das Jahr 1057 setzt Lambert die ersten Bewegungen in Sachsen, die sich gegen die Autorität des jungen Königs richteten; sie fanden eine Führung in der Person Ottos, des Stiefbruders von Markgraf Wilhelm von der Nordmark. Um diese Unruhen durch das Ansehen der eigenen Erscheinung zu dämpfen, zog Agnes mit Heinrich im Mai vom Rheine nach Sachsen [1]) und setzte nach Lambert auf den Peter- und Paulstag (29. Juni) ein colloquium mit den sächsischen Fürsten nach Merseburg an. Lambert erzählt darauf das kleine Treffen, das sich zwischen jenem Otto und den Grafen Bruno und Eckbert von Braunschweig entspann, als sie sich auf dem Wege nach dem angesagten Hoftage befanden; über diesen selbst wird uns nichts weiter berichtet. Doch ist Heinrichs Anwesenheit in Merseburg um jene Zeit noch durch eine Urkunde vom 3. Juli (St. 2542) bezeugt. Mitte August war der königliche Hof an den Rhein nach Tribur zurückgekehrt, wie drei Urkunden vom 16. und 17. August (St. 2543—2545) zeigen.

Für die folgende Zeit würde sich das urkundliche Itinerar nach St. 2546 und St. 2547 folgendermassen gestalten: 17. September: Kessel, an der Niers, südlich von Cleve; 12. Oktober: Speier. Die Bewältigung dieser Strecken in der vorgezeichneten Zeit wäre an sich wohl möglich. Doch muss es zum mindesten als grosse Unwahrscheinlichkeit bezeichnet werden, dass der Hof sich von Merseburg, wo wir ihn Anfang Juli trafen, nach Tribur bei Mainz, von hier im September an den äussersten Niederrhein in die Gegend von Cleve, von da kurz darauf wieder

---

²) cf. Stenzel, a. a. O. I, p. 191 ff.

nach Speier, in welcher Gegend er erst vor zwei Monaten 1057. war, begeben haben sollte. Ein derartiges planloses Hin- und Herziehen erregt immer Verdacht und legt den Gedanken nahe an eine Verschiebung des urkundlichen Itinerars durch Unregelmässigkeiten in der Beurkundung. Die Anwesenheit des Königs in Kessel, durch welche der durch St. 2543—2545 und St. 2547 bezeugte Aufenthalt desselben am mittleren Rheine zerrissen würde, scheint in eine andere, mutmasslich frühere Zeit zu fallen. Es wäre nun am naheliegendsten, diese Anwesenheit des Hofes zu Kessel in eine Zeit zu verlegen, wo derselbe sich nachgewiesenermassen am Niederrhein aufhielt, also etwa Ende April 1057 (cf. St. 2540). Man müsste demgemäss in der Urkunde vom 17. September (St. 2546) **nichteinheitliche Datierung** annehmen, indem der Ort derselben, das actum, sich auf die Handlung, die Zeitangabe, das data, sich auf die Beurkundung bezöge.[1]) Indes steht dieser Annahme bei dem vorliegenden Falle manches entgegen. Ficker[2]) zeigt, dass die Handlung einer königlichen Schenkung in der Regel nicht an unbedeutenden Orten vollzogen wurde, sondern dass dieselbe meistens auf Städte oder grössere Orte fiel, wo Hoftage, Reichsversammlungen etc. abgehalten wurden. Auch der Inhalt der Urkunde St. 2546 ist massgebend. Dieselbe enthält eine Schenkung für das Stift SS. Simon und Juda zu Goslar. Es ist schwer abzusehen, wie die Reichsregentin eine Schenkung für ein Kloster bei Goslar am fernen Niederrhein in Kessel vollzogen haben sollte, wohin sich der Bittsteller von Goslar doch wohl kaum begeben hat, um die Bestätigung seines Gesuches sich zu erwirken. Dies wäre um so auffallender, als die Kaiserin ja kurz vorher in jenen Gegenden verweilte und zu Merseburg einen Hoftag abhielt, der Abt jenes Stiftes also Gelegenheit hatte, entweder auf diesem Hoftag oder in Goslar

---

[1]) cf. Ficker, a. a. O. I, p. 190 ff.
[2]) a. a. O. I, p. 143 ff.

1057. selbst, das der Hof bei seiner Durchreise doch wohl auch berührte, sein Gesuch vorzubringen.

Gerade diese letztere Erwägung führt mich auf eine andere Hypothese, die ich folgendermassen fassen möchte. Die Handlung jener Schenkung an das Stift bei Goslar wurde auf dem erwähnten Tage in Merseburg vollzogen. Bald nach dem 3. Juli brach der Hof von hier auf und zog auf demselben Wege, auf dem er nach Sachsen gekommen war, über Goslar nach dem Niederrhein zurück. Hier nahm der junge König einen längeren Aufenthalt, und es fallen in die Zeit seiner Anwesenheit in Kessel (etwa Anfang August) die ersten Stufen der Beurkundung für die kürzlich vollzogene Schenkung. Die Reinschrift wurde gefertigt, und man trug den Ort Kessel ohne Datum sofort ein, in der Erwartung, dass auch noch die Vollziehung der Urkunde hier erfolgen werde. Dieselbe verzögerte sich indessen, und die Kaiserin zog mit dem jungen Heinrich Mitte August nach Tribur. Erst hier bei dem längeren Aufenthalt des Hofes am Mittelrhein gelangte die Urkunde zu ihrer Vollziehung, etwa unter dem 17. September, ohne dass nun die nicht mehr passende Ortsangabe entsprechend verändert wurde.

Ich glaube mich in dieser Kombination auf die Untersuchungen Fickers über die Datierung stützen zu können. Derselbe weist nach[1]), dass die Fälle, wo sich data und actum der Datierungszeile auf verschiedene Stufen der Beurkundung beziehen, wenn sie auch allerdings als Ausnahmefälle und als nicht beabsichtigt zu betrachten sind, doch in einer beträchtlichen Anzahl von Diplomen der älteren Datierung vorkommen. Insbesondere macht Ficker[2]) die Beziehung nur des actum auf die Reinschrift und die des data auf die Vollziehung der Urkunde sehr wahrscheinlich. Relativ zahlreich sind, wie er zeigt[3]), die Fälle, wo Nachtragung nur der Tages-

---

[1]) a. a. O. II, p. 243, 246 ff., 263, 269, 271 ff., 274, 277 ff.
[2]) a. a. O. II, p. 246 ff.
[3]) a. a. O. II, p. 263 ff.

angabe in Diplomen der älteren Datierung vorliegt. Der 1057. bei dem vorliegenden Falle allerdings etwas bedeutende Zeitraum zwischen Fertigung der Reinschrift und Vollziehung (etwa Anfang August bis 17. September), darf nicht befremden, da bei zufälliger Häufung von Geschäften eine derartige Verzögerung wohl erklärt werden kann. Immerhin bleibt meine Kombination natürlich nur eine Hypothese, die keine stärkere Glaubwürdigkeit als die der event. Möglichkeit oder Wahrscheinlichkeit beanspruchen kann. Ist sie richtig, so wird das Itinerar des Jahres dadurch jedenfalls ein geregelteres. Dasselbe würde sich demgemäss für den Sommer 1057 folgendermassen gestalten: 3. Juli: Merseburg; bald darauf Aufbruch nach dem Niederrhein; etwa Anfang August: Kessel; 16. und 17. August: Tribur; 12. Oktober: Speier.

Der Hof verweilte am Rhein vermutlich bis Ende Oktober, um welche Zeit er nach Sachsen aufbrach. Heinrich urkundete auf dem Wege dahin am 4. November in Ebsdorf, zwischen Giessen und Marburg (St. 2548), am 18. November in Eschwege, an der Werra (St. 2549). Das Weihnachtsfest 1057 beging der König nach Lambert[1] zu Merseburg, nach dem Altaicher Annalisten zu Goslar. Zur Entscheidung zwischen beiden Quellen ist eine Nachricht des Gundechari liber pontificalis Eichstetensis[2] herbeizuziehen, derzufolge Heinrich in Gemeinschaft mit Agnes und Kardinal Hildebrand der am 27. Dezember 1057 zu Pöhlde stattgehabten Weihe des Bischofs Gundechar von Eichstädt beiwohnte. Feierte er am 25. Dezember das Weihnachtsfest und wohnte am 27. Dezember der Bischofsweihe in Pöhlde an, so fällt die Übersiedelung von dem einen Orte nach dem andern mutmasslich auf den 26. Dezember. Dass der Hof aber die

---

[1] Desgleichen nach dem Annalista Saxo (M. G. SS. VI.), dessen Nachricht aber aus Lambert geschöpft ist, hier also nicht in Betracht kommt.

[2] M. G. SS. VII, p. 246.

1057. Strecke Merseburg—Pöhlde, in der Luftlinie ca. 16 deutsche Meilen, nicht an einem Tage zurücklegen konnte, ist einleuchtend; wohl aber war dies sehr leicht möglich bei der Strecke Goslar—Pöhlde (etwas weniger als ein Drittel jener Entfernung). Man kann daher mit Bestimmtheit für Goslar als den Ort der Weihnachtsfeier entscheiden. Aus demselben Grunde scheint sich Giesebrecht[1]) gegen Lamberts Angabe erklärt zu haben. —

1058. Der Aufenthalt des Hofes in Sachsen erstreckt sich bis in den Anfang des Jahres 1058 hinein. Am 7. Februar treffen wir ihn in Goslar (St. 2552), am 3. März in Minden (St. 2553). Am 19. April wurde das Osterfest nach den Ann. Alt. in Merseburg, nach dem Ann. Saxo in Magdeburg gefeiert. Es dürfte schwer sein, zwischen diesen beiden Angaben zu entscheiden. Keine derselben wird durch Urkunden, die kurz vor oder nach Ostern ausgestellt wären, unterstützt; der eine Ort hat eben so viel Wahrscheinlichkeit für sich wie der andere. Die Autorität der Altaicher Annalen steht insofern natürlich höher, als sie direkt einer zeitgenössischen Feder entsprungen sind, während der sächsische Annalist bekanntlich erst nach der Mitte des 12. Jahrhunderts schrieb. Andererseits würde der letzteren Quelle der Vorzug zu geben sein, wenn mit Sicherheit festgestellt werden könnte, dass die betreffende Stelle des Ann. Saxo auf ein speziell in Magdeburg aufgezeichnetes Annalenwerk zurückgeht. Da eine Entscheidung über diesen Punkt indes kaum möglich ist, wage ich es nicht, einer der beiden Angaben einen absoluten Vorzug vor der andern einzuräumen.

Im Frühjahr zog die Kaiserin mit Heinrich nach Bayern und beging nach der übereinstimmenden Angabe der Altaicher und Augsburger Annalen[2]) das Pfingstfest

---

[1]) Ann. Alt. p. 62, Note 1.
[2]) M. G. SS. III, p. 123—136.

am 7. Juni zu Augsburg. Wie die erstere Quelle berichtet, wurde hier ein allgemeiner Fürstentag abgehalten, auf dem unter anderem die Papstwahl Gerhards von Florenz als Nicolaus II. bestätigt wurde. Auf den längeren Aufenthalt des Hofes in Augsburg deuten auch die unter dem 12. und 15. Juni ausgestellten Urkunden (St. 2554-2557).

1058.

In demselben Jahre 1058 suchte König Andreas von Ungarn ein gütliches Abkommen mit dem deutschen Reiche und warb für seinen Sohn Salomo um die Hand von Judith, der zweiten Tochter der Kaiserin, um durch das deutsche Bündnis einen Rückhalt gegen seinen Bruder Bela in Ungarn zu gewinnen[1]). Die Werbung fand Anklang, und Agnes begab sich selbst im Herbste dieses Jahres nach dem Osten zu einer persönlichen Zusammenkunft mit König Andreas. Für diesen Zug nach der ungarischen Grenze haben wir einige Anhaltspunkte in einer Anzahl von Urkunden (St. 2558—2562). Nach dem Zeugnis derselben war der Hof am 13. September in Trübensee, bei Tulln an der Donau, oberhalb Wien, am 20. September auf dem Marchfeld, nordöstlich von Wien, woselbst die Verlobung und der Friede mit Ungarn abgeschlossen wurde. Dann trat man den Rückweg an. Am 25. September finden wir die Kaiserin wieder in Trübensee, am 1. Oktober in Prinzersdorf, westlich von S. Pölten, am 2. Oktober in Ips, oberhalb Mölk an der Donau. In der zweiten Hälfte des Monats war der Hof nach Regensburg zurückgekehrt, wo er am 18. Oktober urkundlich nachgewiesen ist (St. 2564 und 2565).

Ausser den hier benutzten Diplomen besitzen wir noch eine in die Reihe der „österreichischen Freiheitsbriefe" gehörige unechte Urkunde (St. 2563), eine Schenkung für den Markgrafen Ernst von Österreich, die angeblich zu Dürrenbuch, bei Strengberg an der Donau, zwischen Enns und Ips, am 4. Oktober ausgestellt ist.

---

[1]) cf. Giesebrecht, Kaiserzeit III, p. 65 ff.
  Büdinger, Ein Buch ungarischer Geschichte 1058—1100 (Leipzig 1866), p. 3.

1058. Die Fälschung des Aktenstücks ist unzweifelhaft. Aber die Möglichkeit ist nicht ausgeschlossen, dass demselben eine echte Urkunde als Vorlage gedient hat, eine Annahme, die bestärkt wird durch den Umstand, dass sich Datum und Ort ganz vorzüglich dem nachgewiesenen Itinerare einfügen. Wenn der Hof am 2. Oktober in Ips war, konnte er innerhalb zweier Tage sehr wohl bis Dürrenbuch vorgerückt sein. Ich glaube deshalb, die Verwertung der vorliegenden Urkunde für das Itinerar nicht unterlassen zu dürfen.

Für den Rest des Jahres sind uns nur dürftige Nachrichten erhalten. Am 26. Oktober treffen wir den Hof zu Weissenburg an der Rezat, nordwestlich von Eichstädt (St. 2566). Über den Ort der Weihnachtsfeier gehen die Quellen auseinander; die Ann. Alt. nennen Strassburg, die Annales Magdeburgenses[1]) Merseburg. Da die Anwesenheit des Königs in Sachsen in jener ganzen Zeit weder durch eine andere Quellenschrift noch durch irgend eine Urkunde beglaubigt wird, andererseits aber einige Diplome aus dem Februar 1059 Heinrichs Aufenthalt am mittleren Rhein bezeugen, so wird die Autorität des Altaicher Annalisten der des Magdeburger vorgezogen werden müssen. Ich trage daher kein Bedenken, Strassburg als Ort der Weihnachtsfeier anzunehmen.

Noch bleibt zum Jahre 1058 eine Nachricht nachzutragen, die sich in der Chronik Siegberts von Gembloux[2]) zu diesem Jahre findet und, wie es scheint, zu den wenigen Originalnachrichten jenes Schriftstellers zu dieser Zeit gehört. Es heisst bei Siegbert zu 1058: „Captis ab imperatore Heinrico aliquibus castellis Fresones a rebellione refrenantur". Diese abgerissene Nachricht, welche einen Aufstand der Friesen und einen Zug des Königs gegen dieselben voraussetzt, steht vollkommen vereinzelt da und findet keinerlei Unterstützung durch eine Notiz in andern

---

[1]) M. G. SS. XVI, p. 105—196.
[2]) M. G. SS. VI, p. 300—374.

zeitgenössischen Quellen. Obgleich das völlige Schweigen der Schriftsteller über dies Ereignis auffallend ist, wird die Nachricht Siegberts doch wohl kaum zu bezweifeln sein. Sie ist weder Marian noch den Lütticher Annalen, den beiden Hauptquellen Siegberts für diese Zeit, entnommen und scheint somit Originalnachricht unseres Schriftstellers zu sein. Dass Heinrich an der angeführten Stelle imperator genannt wird, kann keinen Verdacht erregen, da er auch in den durchaus unverdächtigen Angaben derselben Chronik zu 1059 und 1062 unter demselben Titel erwähnt wird. Ist die Nachricht Siegberts somit, wie es scheint, nicht anzuzweifeln, so wird jener Zug gegen die aufständischen Friesen wohl am besten in den Anfang des Jahres 1058 zu setzen sein, wo der Hof bekanntlich in Sachsen verweilte, ohne dass wir über seinen Aufenthalt bis zum 7. Februar nähere Angaben besässen. Die erwähnte Nachricht Siegberts wurde, soviel mir bekannt, bis jetzt von keinem Bearbeiter der Geschichte Heinrichs IV. verwertet.

1058.

Zu Beginn des Jahres 1059 finden wir den Hof am mittleren Rhein. Zwei Urkunden vom 5. und 14. Februar (St. 2568 und 2569) bezeugen seine Anwesenheit in Mainz. Wohl Mitte dieses Monats zog Heinrich von hier rheinabwärts nach Lothringen, wo er am 24. Februar und 4. März in Aachen durch zwei Urkunden (St. 2570 und 2571) nachgewiesen ist. Stumpf beanstandet die Echtheit des ersteren Diploms, wogegen Waitz[1]) wenigstens die Möglichkeit derselben aufrecht hält. Jedenfalls trage ich kein Bedenken, die Urkunde für das Itinerar zu verwenden, da sich ihr Datum ganz passend demselben einfügt. Am 14. März war der Hof in Kaiserswerth (St. 2572); bald darauf wandte er sich vom Niederrhein nach Sachsen und beging das Osterfest am 4. April zu Magdeburg (Ann. Magdeb.).

1059.

---

[1]) Waitz, Urkunden zur deutschen Verfassungsgeschichte im 11. und 12. Jahrhundert (Kiel 1871), p. 27, Note 1. cf. auch Ficker, a. a. O. II, p. 173.

1059. Mit dieser Nachricht stehen in Widerspruch die beiden Urkunden St. 2573 und 2574, denen zufolge Heinrich am 7. April in Utrecht gewesen wäre. Abgesehen von der Unmöglichkeit, die grosse Strecke Magdeburg-Utrecht in zwei Tagen zurückzulegen, müsste schon die eigentümliche Richtung des Itinerars den grössten Verdacht erregen. Es ist undenkbar, dass der Hof vom Niederrhein nach Magdeburg, unmittelbar darauf von hier wieder an den Niederrhein nach Utrecht gezogen sei, um nach einer kurzen Frist nach Sachsen zurückzukehren (cf. St. 2575). An der Nachricht, dass Heinrich am 4. April zu Magdeburg war, lässt sich kaum rütteln, da dieselbe vermutlich durch Entlehnung aus älteren Lokalannalen verbürgt ist. Es wäre nur denkbar, dass bei den beiden Urkunden St. 2573 und 2574 eine Ungenauigkeit in der Datierung vorliegt. Schon oben (p. 5) wurde gezeigt, dass die Handlung der ersteren, eine Schenkung an Paderborn, wohl in den Mai 1057 zu setzen ist, wo Heinrich Paderborn allem Anschein nach berührte. Beziehung des actum auf die Handlung in St. 2573 ist darnach ausgeschlossen. Es bleibt nur übrig, Beziehung der Angaben der Datierung auf verschiedene Stufen der Beurkundung anzunehmen. Ebenso wird es sich wohl mit St. 2574, einer Schenkung für die Abtei Deutz, verhalten. Der Aufenthalt des Königs in Utrecht wird, dem Itinerare entsprechend, in die Zeit nach Mitte März 1059 fallen. Er scheint von Kaiserswerth, wo er am 14. März war, stromabwärts nach Utrecht gezogen zu sein; hier wurde wohl die Fertigung jener beiden Urkunden in den ersten Stufen begonnen; dann ging Heinrich zur Osterfeier nach Magdeburg (4. April), wo wahrscheinlich auch die Vollziehung jener Diplome am 7. April stattfand.

Die Sommermonate 1059 verbrachte der Hof in den Harzgegenden. Er war am 27. Mai und 1. Juni in Goslar (St. 2575 und 2576), am 27. Juli in Pöhlde (St. 2577), am 22. August wieder in Goslar (St. 2578 und 2579). Im Herbst ging der junge König an den Mittelrhein

und urkundete am 15. Oktober in Speier (St. 2580), von 1059.
hier nach Bayern, wo er nach den Ann. Aug. am 1. November in Augsburg eintraf. Der hier zwischen Bischof Heinrich von Augsburg und Rapoto, dem Sohne
des Grafen Dietbold, entbrannte Streit wurde durch die
Kaiserin Agnes beigelegt. Den Rest des Jahres blieb der
Hof in Bayern. Am 22. November treffen wir ihn in
Neuburg an der Donau (St. 2581), am 1. Dezember in
Weissenburg an der Rezat (St. 2582). Weihnachten
feierte Heinrich nach dem Altaicher Annalisten zu Freising, nach Lambert zu Worms. Des Letzteren Irrtum[1])
ist offenkundig durch die Angabe der Ann. Alt., dass der
König das Fest Epiphaniae (6. Januar) des folgenden
Jahres in Ötting beging. Seine ununterbrochene Anwesenheit in Baiern um jene Zeit ist somit bezeugt. —

Am 6. Januar 1060 war Heinrich, wie gezeigt, in
Ötting und übergab hier nach den Ann. Alt. dem Abt **1060.**
Siegfried von Fulda das Erzbistum Mainz. Dann wandte
er sich, wie dieselbe Quelle erzählt, in die fränkischen
Gegenden und ernannte Widerad zum Nachfolger Siegfrieds
als Abt von Fulda. Nachdem er am 8. Februar noch in
Bamberg geurkundet hatte (St. 2583), ging er nach
Sachsen und feierte am 26. März zu Halberstadt das
Osterfest, wie die Ann. Alt. und die Gesta episcoporum
Halberstadensium[2]) übereinstimmend berichten.

Im Frühjahr und den ersten Sommermonaten scheint
sich der Hof in Sachsen aufgehalten zu haben. Urkunden
vom 13. April und 8. Mai (St. 2584 und 2586) zeigen seine

---

[1]) cf. zur Erklärung desselben Bresslau, a. a. O. II, p. 428,
dessen Annahme, die Kaiserin habe einer nach Lambert am Rhein
damals grassierenden Krankheit wegen ihren ursprünglichen Plan,
das Weihnachtsfest in Worms zu begehen, aufgegeben, sehr
wahrscheinlich ist.

[2]) M G SS. XXIII, p. 96.

1060. Anwesenheit in Goslar, solche vom 21. und 22. Juni (St. 2587 und 2588) in Corvei. Mitte Sommer kehrte der König von Sachsen in die mittelrheinischen Gegenden zurück; wir treffen ihn am 30. August zu Worms (St. 2589), am 25. Dezember zu Mainz, daselbst das Weihnachtsfest begehend (Ann. Alt.).

Noch bleibt zum Jahre 1060 eine vom 18. November datierte Urkunde (St. 2590) zu erörtern, die den Ausstellort Wallhausen, in der goldenen Aue, trägt. Dieses Diplom wird von Stumpf in den Anmerkungen (II, p. 533) als verdächtig bezeichnet und ist nach Bresslau[1]) wohl die Nachzeichnung eines echten Diploms mit wahrscheinlich gleichem Datum. Es darf darnach für das Itinerar nicht unberücksichtigt bleiben. Allerdings ist die Anwesenheit des Hofes in Wallhausen am 18. November unwahrscheinlich, indem sie in den Aufenthalt desselben am mittleren Rhein in den Herbstmonaten sehr störend einschneidet. Kein anderes Zeugnis weist auf einen sächsischen Aufenthalt um jene Zeit, während ein solcher ja in der ersten Hälfte des Jahres für mehrere Monate nachgewiesen ist. Ich bin deshalb zu der Vermutung geneigt, dass in der echten Vorlage von St. 2590 nichteinheitliche Datierung, wahrscheinlich Beziehung des actum auf die Handlung, vorlag und möchte demgemäss den Aufenthalt des Königs zu Wallhausen in das Frühjahr 1060, etwa Mitte März, setzen. Damals zog der Hof, wie gezeigt, von Franken (Bamberg, am 8. Februar) zur Osterfeier nach Halberstadt (26. März), und konnte auf diesem Wege wohl Wallhausen in der goldenen Aue berühren. —

1061. Im Anfang des Jahres 1061 verliess die Kaiserin mit Heinrich die Gegenden am Rhein, wandte sich ostwärts nach Bayern und traf wohl gegen Mitte Januar, wie aus

---

[1]) Sybel u. Sickel, Kaiserurkunden, Text pag. 32. cf. Stumpf-Brentano, die Würzburger Immunität-Urkunden II, 19.

den Altaicher Annalen hervorgeht¹), in Regensburg 1061. ein. Sie blieb hier bis tief in den Februar herein, wie die Urkunden vom 13. und 18. Februar (St. 2591 und 2592) beweisen. In diese Zeit setzt Mehmel²) wohl mit Recht die Einsetzung Ottos von Nordheim zum Herzog von Bayern. Am 7. März war der König in Nürnberg (St. 2593), dann ging er nach Sachsen, wo er am 18. Juni in Allstädt, südöstlich von Sangershausen, urkundete (St. 2594). Er blieb in Sachsen wohl bis in den Juli herein; dann zog er westwärts nach Lothringen.

Für den 1. August ist die Anwesenheit des Hofes in dem Kloster Stablo, südöstlich von Lüttich, bezeugt durch eine Nachricht im Triumphus s. Remacli³) (I, c. 2): „Aderat festivitas s. Petri quae vocatur ad vincula, in qua contigit apud nos curiam regalem haberi cum magna principum frequentia." Wattenbach, der Herausgeber des Triumphus, setzt diese Nachricht mit Recht in das Jahr 1061. Durch die beifolgende Bemerkung, dass der König damals noch ein Knabe war, und die Mutter für ihn die Regentschaft führte, ist ein bestimmter terminus ad quem gegeben. Andererseits lehrt eine Vergleichung mit dem Itinerare der vorangegangenen Jahre, insbesondere die Betrachtung der Urkunde St. 2595, welche den damaligen Aufenthalt Heinrichs in jenen Gegenden beweist, dass an der zitierten Stelle nur das Jahr 1061 gemeint sein kann.

In die Zwischenzeit zwischen dem 18. Juni und dem 1. August ist wohl mit Stumpf (II, p. 533) die Urkunde St. 2598 (ohne Datum) einzureihen, wo der Hof wahrscheinlich auf der Reise von Sachsen nach dem Rhein Burschla, d. i. Gross-Borschel an der Werra, südöstlich von Eschwege, berührte.

---

¹) Ann. Alt. a. 1061: [Heinricus] mox post sanctam theophaniam Radisponam cum matre venit.

²) Mehmel, Otto von Nordheim, Herzog von Bayern, 1061—1070 (Göttingen 1870), p. 12.

³) M. G. SS. XI, p. 433—461.

1061. Von Stablo müsste sich der König zufolge dem Diplom St. 2595, der Erneuerung einer Schutzurkunde Heinrichs II. für das Bistum Worms, nach Elten, nördlich von Cleve, begeben haben. Allein verschiedene Gründe sprechen gegen ein derartiges Itinerar. Heinrich war am 15. August, wie ich weiter unten nachzuweisen versuchen werde, in Augsburg. Es ist kaum möglich, dass der Hof die grosse Strecke von Elten am Niederrhein nach Augsburg, in der Luftlinie ca. 65 deutsche Meilen, in dem Zeitraum vom 7. bis 15. August, also in 7 Tagen zurückgelegt haben sollte, es müsste denn sein, dass ausserordentliche Gründe eine ungewöhnliche Eile notwendig gemacht hätten. Aber selbst dann wäre die Leistung noch eine höchst auffallende. Ganz abgesehen von dieser Erwägung müsste die Richtung des Itinerars an sich schon befremden. Die Linie Allstädt-Stablo-Elten-Augsburg, zurückgelegt innerhalb des Zeitraums von kaum zwei Monaten, ist in hohem Grad Verdacht erregend. Ich glaube deshalb, ziemlich sicher annehmen zu dürfen, dass sich actum und data in St. 2595 auf verschiedene Stufen der Beurkundung beziehen, der Aufenthalt des Hofes in Elten demgemäss in eine frühere Zeit zu setzen ist, am wahrscheinlichsten in den Juli, wo derselbe von Allstädt über Gross-Borschel an den Niederrhein gezogen sein mag; von Elten wandte sich Heinrich südlich nach Stablo, um sich von hier in der ersten Hälfte des August nach Augsburg zur Feier von Mariä Himmelfahrt zu begeben.

Zur Begründung meiner Annahme, dass der König am 15. August 1061 in Augsburg war, ist es nötig, einen Blick auf die Angaben der Altaicher Annalen zu den Jahren 1060 und 1061 zu werfen. Diese Quelle berichtet zum Jahre 1060: Unmittelbar nach dem Tode des Papstes Nicolaus II. reiste Bischof Cadalus von Parma an der Spitze einer römischen Gesandtschaft an den deutschen Hof, traf den König mit seiner Mutter und dem Bischof Heinrich in Augsburg und ruhte hier nicht

eher, bis er seine Investitur mit den päpstlichen Abzeichen 1061.
durchgesetzt hatte. Giesebrecht[1]) hat darauf hingewiesen,
dass diese Angaben hier an unrechter Stelle sind und sich
auf das Jahr 1061 beziehen, aus dem einfachen Grunde,
weil Papst Nicolaus II. erst am 27. Juli 1061 starb. Unrichtig ist ausserdem die Angabe, dass Cadalus die päpstlichen Insignien zu Augsburg empfangen habe; dies geschah vielmehr zu Basel, Ende Oktober 1061. Bestehen
bleibt jedoch die Nachricht, dass die römischen Gesandten,
als sie nach Deutschland kamen, den Hof in Augsburg
antrafen, nur dass sie natürlich in das Jahr 1061 zu
setzen ist.

Diese Nachricht findet gewissermassen eine Bestätigung
und Wiederholung durch das, was der Altaicher Annalist
zum Jahre 1061 erzählt, Nachrichten, die allerdings wiederum starker Korrekturen bedürfen. Die Ann. Alt. berichten
zum Jahre 1061: Als Heinrich das Fest Mariä Himmelfahrt am 15. August in Augsburg feierte und hier einen
Hoftag abhielt, kamen römische Gesandten an und baten
den König, er möge dem Schisma in der Kirche ein Ende
bereiten, damit dieselbe nicht länger durch den unrechtmässigen Papst Alexander beunruhigt werde. Lange wurde
beraten; endlich beschloss man, den Bischof von Halberstadt nach Italien zu schicken, damit derselbe beide Parteien höre und darnach Entscheidung treffe. Wiederum
hat Giesebrecht[2]) darauf hingewiesen, dass die Sendung
Burchards von Halberstadt erst im Jahre 1062 nach der
im Oktober abgehaltenen Synode von Augsburg erfolgte,
die erzählten Nachrichten somit in dieses Jahr zu setzen
sind. Auf die chronologische Unrichtigkeit deutet in der
angeführten Stelle schon die Erwähnung des Papstes
Alexander II., der am 15. August 1061 noch gar nicht
aufgestellt war, sondern erst am 1. Oktober dieses Jahres
gewählt wurde[3]). Es kann keinem Zweifel unterliegen,

---

[1]) Ann. Alt. p. 64, Note 3.
[2]) Ann. Alt. p. 68, Note 1.
[3]) cf. Giesebrecht, Kaiserzeit III, p. 71.

1061. dass dem von dem Altaicher Annalisten zum Jahre 1061 Erzählten eine Verwechslung zu Grunde liegt mit den Vorgängen auf der Augsburger Synode 1062, die zu diesem Jahre von unserer Quelle mit keinem Wort erwähnt wird. Wenn somit die von den Ann. Alt. zu 1061 erzählten Nachrichten in ihrem Hauptgehalt für dieses Jahr hinfällig sind, so ist es doch auf der andern Seite fraglich, ob damit auch die Angabe, dass Heinrich am 15. August 1061 in Augsburg war und daselbst römische Gesandten empfing, aufgegeben werden muss. Und diese Frage ist, wie ich glaube, entschieden zu verneinen. Jene Angabe, das Datum des 15. August, wird von den Ann. Alt. mit solcher Bestimmtheit berichtet, dass ich hier kaum an einen Irrtum des Annalisten glauben kann. Ebenso ist kein Grund vorhanden, etwa an die nachträgliche Änderung einer schriftlichen Reisedisposition des Hofes zu denken, da keine andere chronistische Nachricht der Angabe des Altaicher Annalisten entgegensteht. Derselbe mochte das Datum des 15. August wohl einer zuverlässigen Quelle entnommen haben und damit nun die Vorgänge der Oktobersynode von 1062, über deren Thatbestand und Zeitpunkt er nur ungenügend unterrichtet war, in Verbindung bringen. Ich glaube um so mehr an jener Angabe festhalten zu können, als sie, wie schon gezeigt, bestätigt wird durch das von dem Annalisten unter 1060 Erzählte, was ja in das Jahr 1061 zu verlegen ist. Gewiss sind die Angaben der Altaicher Annalen über diese Dinge sehr verworren und unzuverlässig; die eine Nachricht aber kann, wie mir scheint, mit Sicherheit gewonnen werden: dass der König am 15. August 1061 zu Augsburg war, und dass ihn daselbst römische Gesandten trafen, die um Neubesetzung des päpstlichen Stuhles baten.

Der Umstand, dass die Augsburger Annalen von dem Aufenthalt des Hofes in Augsburg 1061 völlig schweigen, kann nicht befremden, indem auch der im Jahre 1062 daselbst abgehaltenen Synode in jener Quelle mit keinem

Wort Erwähnung geschieht. Meine Annahme passt im 1061. übrigen sehr wohl zu der Thatsache, dass am 27. Juli dieses Jahres Papst Nicolaus II. starb, und die Römer unmittelbar darauf Gesandte an den deutschen Hof abschickten. Als dieselben sich in Augsburg ihres Auftrags erledigt hatten, gab man ihnen nicht sogleich einen bestimmten Bescheid, sondern verwies sie auf die im Oktober dieses Jahres abzuhaltende Synode zu Basel.

Vom 21. September 1061 haben wir eine königliche Urkunde, eine Schenkung für den Bischof Heinrich von Augsburg, die zu Langen, südlich von Frankfurt, ausgestellt ist (St. 2596). Wenn meine soeben dargelegten Kombinationen richtig sind, so kann der Hof Langen nur berührt haben bei der zwischen den 1. und 15. August fallenden Reise von Lothringen nach Augsburg. Es müsste in der Urkunde vom 21. September darnach wiederum nichteinheitliche Datierung vorliegen, und zwar am wahrscheinlichsten Beziehung des actum auf die Handlung, des data auf die Beurkundung. Der König hielt sich jedenfalls nur kurz in Langen auf, vollzog hier die Schenkung an den ihn begleitenden Bischof Heinrich, um dann seine Reise nach Augsburg fortzusetzen.

Wie lange der junge König mit Agnes in Bayern blieb, ist uns nicht bekannt. Wir finden ihn erst wieder auf der Synode von Basel, die Ende Oktober daselbst zusammentrat, um die Neubesetzung des päpstlichen Stuhles vorzunehmen (Bernold[1]), Berthold). Am 28. Oktober erfolgte die Wahl des Bischofs Cadalus von Parma als Honorius II. Das Datum dieser Wahl giebt Petrus Damiani[2]), contra clericos intemperantes (III, 410); Bernolds Angabe ist unrichtig[3]). Auf derselben Synode wurde der junge Heinrich zum patricius Romanorum ernannt. Nach Schluss der Kirchenversammlung scheint der König Basel verlassen zu haben. Wir finden ihn bereits am 31. Oktober

---

[1]) M. G. SS. V, p. 385—467.
[2]) Opera omnia, ed. Constantin Gaëtani (1628).
[3]) cf. Giesebrecht, Kaiserzeit III, p. 1092.

1061. in Schachen, nördlich von Waldshut, am Oberrhein (St. 2596a), am 5. November in Donaueschingen (St. 2597), am 25. November in Ladenburg, am Neckar (St. 2599). Dann wandte sich der Hof nach Sachsen und feierte das Weihnachtsfest nach den Altaicher Annalen zu Goslar. —

1062. Die ersten Monate des Jahres 1062 finden den Hof in Sachsen, abwechselnd in Allstädt und Goslar. Seine Anwesenheit in jenem Orte bezeugt eine Urkunde vom 4. Februar (St. 2600), die in Goslar einige Diplome vom 24. und 25. Februar, und vom 5., 9. und 13. März (St. 2601—2605). Dann zog die Kaiserin mit Heinrich an den Niederrhein, berührte am 19. März Paderborn (St. 2606) und feierte Ostern am 31. März zu Utrecht (Berthold). Die Angabe der Ann. Alt., dass Heinrich das Osterfest zu Speyer beging, ist, wie auch Giesebrecht[1]) und Mehmel[2]) annehmen, wohl mit Sicherheit zu verwerfen; sie passt durchaus nicht zu dem Itinerare, wie es die andern Quellen ergeben, und andererseits lässt sich der Irrtum des Altaicher Annalisten 'nach Bresslau[3]) nicht ohne Wahrscheinlichkeit erklären. Bald nach Ostern begab sich der Hof nach der Pfalz zu Kaiserswerth (Lambert, Ann. Alt.). Hier erfolgte der Raub des Knaben durch Anno, Otto und Ekbert, wie aus Berthold[4]) hervorzugehen scheint, etwa Anfang April; eine nähere Zeitbestimmung für die That zu gewinnen, ist nicht möglich.

Die Verschworenen brachten den Geraubten nach Köln (Lambert, Berthold, Ann. Alt.), wo auch eine allerdings undatierte Urkunde für Herzog Ordulf von Sachsen (St. 2607) auf Heinrichs Anwesenheit deutet. Hier fand wahr-

---

[1]) Kaiserzeit III, p. 1093.
[2]) a. a. O. p. 19.
[3]) a. a. O. II. p. 428 ff.
[4]) A. 1062: Heinricus rex apud Traiectum, Frisiae urbem, diem paschae cum matre imperatrice egit. His diebus Anno etc.

scheinlich um die Pfingstzeit eine allgemeine Fürsten- 1062. versammlung statt, auf der Anno für sein Verfahren Rechenschaft ablegte, und die Reichsregierung in der Weise geordnet wurde, dass immer derjenige Bischof die Regentschaft für den jungen König führen sollte, in dessen Diözese derselbe sich aufhalte¹).

Im Sommer 1062 wurde Heinrich nach dem Mainzer Sprengel geführt, wo er am 13. Juli in Hersfeld, am 19. Juli in Mainz urkundete (St. 2608 und 2609). Im nächsten Monat kehrte er an den Niederrhein zurück, war am 23. August in Neuss (St. 2610) und am 21. September in Kesselwald, südlich von Cleve (St. 2611).

Nach Mitte Oktober trat in Augsburg die schon oben erwähnte Synode zusammen, die über das Schisma in der Kirche endgiltig entscheiden sollte. Der junge König begab sich selbst über Seligenstadt, am Main, oberhalb Hanau, wo er am 14. Oktober urkundete (St. 2611 a), nach Augsburg und wohnte hier der Synode bei, wie die am 24. und 29. Oktober daselbst ausgestellten Diplome (St. 2612 und 2613) darthun. Es gehört nicht in den Rahmen dieser Darstellung, auf die Verhandlungen der Augsburger Synode einzugehen. Es genüge, darauf hinzuweisen, dass es zu einer definitiven Entscheidung nicht kam, das Resultat der Verhandlungen indessen und die Sendung Burchards von Halberstadt einer Preisgabe des Cadalus ziemlich gleichkam.²) Nach Schluss der Synode ging Heinrich nach Regensburg, wo seine Anwesenheit zuerst durch eine Urkunde vom 26. November (St. 2614) bezeugt ist, und blieb hier bis über die Mitte des Dezember herein (cf. die Urkunden vom 11., 12. und 16. Dezember, St. 2615 bis 2617).

Dann begab er sich nach Freising, um hier am 25. Dezember die Weihnachtsfeier zu begehen. So berichtet der Altaicher Annalist. Im Widerspruch mit ihm

---

¹) cf. Giesebrecht, Kaiserzeit III, p. 85.
²) cf. Giesebrecht, Kaiserzeit III., p. 87 ff.

1062. giebt Lambert Goslar als Ort jener Feier an, und seiner Angabe folgen noch Floto[1]) und Gfrörer[2]) in ihren Darstellungen. Doch haben Giesebrecht[3]) u. a. den Irrtum Lamberts längst erkannt. Sowohl das urkundliche Itinerar, wie auch die Bemerkung des Altaicher Annalisten, dass der König an diesem Weihnachtsfeste seinem Kloster einen neuen Abt gegeben habe, sprechen entscheidend für die Angabe der bayerischen Quelle.

Mit diesem Umstand in unmittelbarem Zusammenhang stehend ist eine andere Frage. Wenn Heinrich Weihnachten 1062 nicht zu Goslar, sondern zu Freising gefeiert hat, kann er auch nicht, wie Lambert erzählt, dem Rangstreit angewohnt haben, der sich nach seiner Angabe Weihnachten 1062 in Goslar zwischen den Kämmerern des Bischofs Hezel von Hildesheim und des Abtes Widerad von Fulda in Gegenwart des Königs entsponnen haben soll. Zur Beleuchtung dieser Frage ist es nötig, die Berichte der beiden anderen Quellen, die uns diesen Rangstreit überliefern, herbeizuziehen. Walram von Naumburg in seiner Schrift „De unitate ecclesiae conservanda"[4]) II, c. 33 erzählt von jenem Vorgang in folgenden Worten: „Rex puer II. anno postquam distractus est a custodia matris suae, celebravit natalem domini Goslariae, ubi inter cubicularios episcopi et abbatis certatum est pugnis atque scamellis pro herilis sedis positione etc." Die Zeitangabe „im zweiten Jahre, nachdem Heinrich seiner Mutter geraubt wurde" kann sich diesem Wortlaut zufolge frühestens auf Weihnachten 1063 beziehen. Da jedoch schon Pfingsten 1063, wie feststeht, der zweite Ausbruch jenes Goslarer Rangstreites erfolgte, der König überdies das

---

[1]) Floto, Kaiser Heinrich IV und sein Zeitalter (Stuttgart und Hamburg 1855), I, p. 280.

[2]) Gfrörer, Papst Gregorius VII und sein Zeitalter (Schaffhausen 1859—1861), II, p. 19.

[3]) Kaiserzeit III, p. 1097.

[4]) ed. Schwenkenbecher in den Scriptores rerum Germanicarum in usum scholarum (Hannover 1883).

Weihnachtsfest 1063 in Köln feierte (s. u.), so ist die Zeitangabe Walrams auf jeden Fall unrichtig und kann deshalb ganz unberücksichtigt bleiben. Wertvoll dagegen ist der Umstand, dass Walram jenen Rangstreit in Gegenwart des Königs vor sich gehen lässt.

1062.

Die Gründe, welche Ewald[1]) dafür vorbringt, dass Walram Lambert in der Darstellung dieser Dinge **nicht** benutzt hat, scheinen mir durchaus zu genügen, um seine Annahme wahrscheinlich zu machen[2]).

In der **dritten** in Betracht kommenden Quelle, den Annales Corbeienses[3]) wird die Sache, wie bei Lambert, zu Weihnachten 1062 erzählt, ohne dass indess von der Anwesenheit des Königs die Rede wäre.

Es ergiebt sich daraus folgendes Resultat: entweder irren Lambert und Walram, indem sie jenen Rangstreit in Heinrichs Gegenwart stattfinden lassen; oder es irren Lambert und die Ann. Corbei., indem sie den Vorfall zu Weihnachten 1062 erzählen. Der ersteren Ansicht huldigen Giesebrecht[4]), Ewald[5]) und Berger[6]), der letzteren Mehmel[7]) und Neumann[8]), die jene Streitscene demgemäss auf das Weihnachtsfest 1061 legen, wo der König nachgewiesenermassen in Goslar sich aufhielt (s. o.).

---

[1]) Ewald, Walram von Naumburg (Bonn 1874), p. 53 ff.

[2]) Ein weiterer gewichtiger Grund, der für Ewalds Ansicht spricht, scheint mir der Umstand zu sein, dass Walram jenen Rangstreit chronologisch durch Weihnachten 1063 bestimmt, während Lambert ihn doch klar und deutlich zu Weihnachten 1062 erzählt. Wie sollte dies zu erklären sein, wenn Lambert in dieser Darstellung von Walram benutzt wurde?

[3]) M. G. SS. III, p. 1—18.

[4]) Kaiserzeit III, p. 1097.

[5]) a. a. O. p. 56.

[6]) Fr. Berger, Zur Kritik der Streitschrift De unitate ecclesiae conservanda (Halle 1874), p. 10.

[7]) a. a. O. p. 14 ff.

[8]) Neumann, De Ottone de Nordheim. Pars prima (Vratislaviae 1871), p. 14.

1062. Es wird schwer sein, in dieser Frage mit Sicherheit zu entscheiden. Beide Ansichten lassen sich mit Gründen verteidigen, die sich gegenseitig ziemlich im Gleichgewicht halten. Für die Annahme Giesebrechts spricht namentlich die Fassung der Ann. Corbei. a. 1063: „Pugna Goslariae in ecclesia pro dispositione sellarum episcopi Hezelonis Hildinisheimensis, et Wideradi abbatis Fuldensis, priori vice in die natalis Domini ad vesperam absque gladiis, secunda vice in pentecosten etiam gladiis". Dennoch möchte ich mich eher der Annahme Mehmels zuneigen, indem ich es für wahrscheinlicher halte, dass zwei Quellen in einer Zeitangabe irren, als in einem so charakteristischen und wichtigen Umstand, wie die Gegenwart des Königs bei jener Scene. Was der von Giesebrecht zitierte Brief des Abtes Widerad[1]) beweisen kann, ist mir nicht ersichtlich. Ich vermute deshalb mit Mehmel, dass **der erste Ausbruch jenes Rangstreites zu Goslar Weihnachten 1061 zu setzen ist.** Kaum der Erwähnung wert ist die Annahme von Aeg. Müller[2]), der die fragliche Streitscene auf Ostern 1063 setzt, wo der Altaicher Annalist eine derartige Scene erwähnt, natürlich aber nur eine Verwechslung vorliegt mit dem, was die übrigen Quellen zu Pfingsten 1063 berichten. —

1063. Von Bayern wandte sich Heinrich im Anfang des Jahres 1063 an den Rhein, stellte am 29. und 31. Januar zu Worms zwei Urkunden aus (St. 2618 und 2619) und scheint sich dann im Frühjahr nach Sachsen begeben zu haben. Das Osterfest am 20. April beging er nach den Ann. Alt. in Goslar, ebendaselbst das Pfingstfest am 8. Juni. Bei letzterem erfolgte nach Lambert und den Ann. Corbei. der zweite Ausbruch des Streites zwischen den Leuten Hezilos und Widerads; es kam zu einer blutigen Kampfscene in der Goslarer Kirche, welcher der

---

[1]) Sudendorf, Registrum III, No. 14.
[2]) Aeg. Müller, Anno II der Heilige (Leipzig 1858), p. 50.

junge König durch sein persönliches Einschreiten vergeblich Einhalt zu thun sich bemühte. Noch am 14. Juni ist Heinrich in Goslar urkundlich nachgewiesen (St. 2620). Dann ging er nach Allstädt, wie die beiden Diplome vom 24. und 27. Juni (St. 2621 und 2622) bezeugen. Hier fand, wie Giesebrecht[1]) und Lindner[2]) gewiss mit Recht annehmen, jene Reichsversammlung statt, auf der die Neuordnung der Reichsregierung erfolgte. Das Gesamtregiment der Bischöfe wurde aufgehoben; dasselbe hatte allerdings nur dem Namen nach bestanden, indem Anno fast alleiniger Leiter der öffentlichen Dinge gewesen war. Gegen ihn richtete sich vorzugsweise der Neid der Fürsten; man erstrebte eine Teilung der Reichsgewalt. So wurde denn Anno als magister mit der Leitung und Erziehung Heinrichs, Adalbert als patronus mit der Führung der Reichsgeschäfte beauftragt. Nach Schluss der Versammlung ging der König nach Goslar zurück, wo er am 14. Juli wieder urkundete (St. 2623).

1063.

Auf der Reise von Allstädt nach Goslar nahm er in Quedlinburg einige Tage Aufenthalt, und hier traf ihn die Gesandtschaft des Bischofs Benzo von Alba, der mit einem Hilfegesuch für Cadalus an den deutschen Hof geschickt worden war. Ich stütze mich in dieser Annahme auf das Resultat einer Arbeit Lindners[3]), dessen Ausführungen ich mich durchaus anschliesse. Benzo[4]) in dem Bericht über seine Gesandtschaft (III, c. 11—23) erzählt, dass um jene Zeit, da er an den Hof nach Quedlinburg gekommen sei, eine Versammlung der deutschen Fürsten stattgefunden habe, deren Spitze gegen die Alleinherrschaft Annos gerichtet gewesen sei. Man habe von

---

[1]) Kaiserzeit III, p. 95.
[2]) Th. Lindner, Anno II der Heilige (Leipzig 1869), p. 88.
[3]) Lindner, Benzos Panegyrikus auf Heinrich IV und der Kirchenstreit zwischen Alexander II und Cadalus von Parma, in den Forschungen zur deutschen Geschichte VI, p. 506 ff.
[4]) M. G. SS. XI, p. 591—681.

1063. demselben Absetzung des Papstes Alexander verlangt; er habe darauf versprochen, zunächst auf einer deutschen Synode Alexanders Anerkennung durchzusetzen, um ihn dann auf einer zweiten in Mantua abzuhaltenden Synode desto sicherer zu umstricken. Lindner macht wahrscheinlich, dass unter der hier erwähnten deutschen Fürstenversammlung die Versammlung zu Allstädt zu verstehen ist, die Reise Benzos demgemäss in den Sommer 1063 fallen muss. Dies passt trefflich zu dem Resultat der weiteren Forschungen Lindners, denen zufolge das Konzil von Mantua am 31. Mai 1064 stattfand. Denselben Zeitpunkt nimmt auch Giesebrecht[1]) für das Mantuaner Konzil an; die Reise des Bischofs von Alba setzt er in den November 1064, wo allerdings durch eine Urkunde (St. 2654) ein Aufenthalt des Königs in Quedlinburg nachgewiesen ist. Aber es entgeht ihm dabei, dass nach Benzos Bericht dessen Reise notwendig vor das Konzil von Mantua gesetzt werden muss. Wills[2]) Ansicht, welcher der Angabe Siegberts folgend, das Mantuaner Konzil 1067, die Reise Benzos demgemäss 1065 setzt, ist wohl als eine längst aufgegebene zu betrachten.

Von Quedlinburg ging der Hof, wie oben gezeigt, nach Goslar zurück, wo sein Aufenthalt den ganzen Juli hindurch bis zum 7. August nachgewiesen ist (cf. die Urkunden vom 14., 17., 25., 30. Juli und vom 7. August, St. 2623—2627). Unmittelbar darauf verliess Heinrich Sachsen, ging nach Mainz und hielt daselbst den in den Altaicher Annalen erwähnten Reichstag ab, auf welchem der Zug gegen Ungarn zur Herstellung des durch Bela vertriebenen Salomon beschlossen wurde. Am 20. August war der König nach den Urkunden St. 2628 und 2629 in Erlangen. Der Reichstag von Mainz muss demgemäss zwischen den 7. und 20. August fallen und nicht, wie

---

[1]) Kaiserzeit III, p. 107 und 114.
[2]) Will, Benzos Panegyrikus auf Heinrich IV (Marburg 1856), p. 20, 43.

Büdinger[1]) und ihm folgend Mehmel[2]) fälschlich angiebt, 1063. zwischen den 9. und 25. August. Am 27. September stand das deutsche Heer, in dessen Mitte sich der junge König befand, an der Fischa, unterhalb Wien, nicht weit von der ungarischen Grenze (St. 2630).

Den weiteren Verlauf des Feldzugs berichtet der Altaicher Annalist. An der ungarischen Grenze angelangt, schickte Heinrich eine Abteilung seines Heeres voraus, die durch kundige Führer geleitet den Feind umging und innerhalb zweier Tage vor Wieselburg stand. Nun rückte der König mit der Hauptmasse seiner Truppen nach, vereinigte sich mit dem andern Teil derselben vor Wieselburg und eroberte diese Feste im Sturm. Durch den plötzlich eintretenden Tod Belas wurde jeder weitere Widerstand gebrochen. Das deutsche Heer geleitete Salomon nach Stuhlweissenburg, wo dessen Krönung und die Vermählung mit der deutschen Kaiserstochter gefeiert wurde[3]).

Bald darauf traten die Sieger den Rückweg nach Bayern an. Am 24. Oktober war der Hof wieder in Regensburg, wo seine Anwesenheit bis zum 26. Oktober durch die Urkunden St. 2631—2634 verbürgt wird. Nach Lindners[4]) Ansicht fand hier die Reichsversammlung statt, von der Benzo in seinem Panegyrikus III, c. 26 berichtet. Das Resultat derselben soll gewesen sein: Anno setzte durch, dass Alexander bis zum Mantuaner Konzil die päpstliche Würde behalten solle; Burchard von Halberstadt ward nach Rom entsendet, um diesen Beschluss dort kundzuthun.

Im Dezember scheint der König in die Rheingegenden zurückgekehrt zu sein. Er feierte Weihnachten nach den Ann. Alt. zu Mainz, nach Berthold zu Köln. Eine am 28. Dezember zu Köln und eine am 30. Dezember zu

---

[1]) a. a. O. p. 13, Note 9.
[2]) a. a. O. p. 23.
[3]) cf. Büdinger, a. a. O. p. 14 ff.
[4]) Forschungen VI, p. 515 ff.

1063. Bonn ausgestellte Urkunde (St. 2634a und 2635) entscheiden massgebend für die Autorität Bertholds. —

1064. Zu Beginn des Jahres 1064 hatte sich Heinrich stromaufwärts an den Mittelrhein begeben; er war am 13., 15. und 17. Januar in Tribur (St. 2636—2639). Dann ging er nach Bayern, feierte Mariä Reinigung am 2. Februar nach den Ann. Aug. zu Augsburg und stellte hier am 4. und 8. Februar zwei Urkunden aus (St. 2640 und 2641).

In der zweiten Hälfte des Monats kehrte er an den Rhein zurück, war am 23. Februar in Basel (St. 2642) und am 1. März in Strassburg (St. 2642a).

Das Osterfest am 11. April wurde nach Berthold zu Lüttich gefeiert, wo eine Reihe der einflussreichsten weltlichen und geistlichen Fürsten den jungen König umgab. Noch am 15. April ist seine Anwesenheit in Lüttich nachgewiesen durch St. 2643. Der Context dieses von Stumpf als zweifelhaft bezeichneten Diploms ist eine echte Privaturkunde von 1056, die mit gefälschter königlicher Legalisierung versehen wurde und zwar so, dass man das Eschatokoll einer echten Urkunde Heinrichs IV. entnahm [1]. Dasselbe ist also für das Itinerar unbedenklich zu verwerten.

Bald nach Ostern verliessen die meisten Bischöfe Deutschland, um sich nach Mantua zu dem bevorstehenden Konzil zu begeben, dessen Eröffnung auf Pfingsten dieses Jahres festgesetzt war [2]. Anno war noch am 30. April und am 2. Mai mit dem König in Kaiserswerth [3] (St. 2644 und 2645); dann wandte auch er dem Hof den Rücken und eilte über die Alpen zum Mantuaner Konzil

---

[1] cf. Jaffé, Diplom. quadr. 96.
[2] cf. Giesebrecht, Kaiserzeit III, p. 106.
[3] Es kann wohl keinem Zweifel unterliegen, dass mit Stumpf dieser Ort unter Werde verstanden werden muss; Donauwörth oder Wörth bei Regensburg würde dem damaligen Itinerare des Hofes zu ferne liegen.

Über Heinrichs weiteren Aufenthalt im Mai und Juni ist 1064.
nichts bekannt. Erst im folgenden Monate treffen wir
ihn in Sachsen wieder, wo er, aus den vorhandenen Urkunden zu schliessen, den ganzen Rest des Jahres abwechselnd an verschiedenen Orten verbrachte. Er war
am 11. Juli wieder mit Anno, der mittlerweile aus Italien
zurückgekehrt war, in Allstädt (St. 2646 und 2647);
dann ging er nach seinem Lieblingsaufenthalt Goslar,
wo er den Rest des Monats verweilte (cf. die Urkunden
vom 19. und 31. Juli, St. 2648—2650). Am 2. Oktober
war der König in Halle (St. 2651), am 26. Oktober in
Magdeburg (St. 2652), am 18. November in Quedlinburg (St. 2654), am 5. Dezember wieder in Goslar (St.
2655). Hier war es, wo er nach Lambert und Berthold
auch die Weihnachtsfeier beging. Die Altaicher Annalen
nennen als Ort derselben Köln. Doch spricht gegen ihre
Angabe einerseits die Übereinstimmung der beiden andern
Geschichtschreiber, andererseits die Richtung des vorangegangenen urkundlichen Itinerars. —

Zu Beginn des Jahres 1065 haben wir keine bestimmten 1065.
Nachrichten über Heinrich bis zum 27. März, wo er zu
Worms nach Lambert und Berthold das Osterfest feierte.

Nicht sehr viel früher muss der König von Sachsen
in die fränkischen Gegenden übergesiedelt sein. Er berührte auf dieser Reise, wie es scheint, das Kloster Lorsch,
südlich von Darmstadt, wo er — etwa nach Mitte März —
Rast machte und sich kurze Zeit aufhielt. Dies erhellt
aus einer Nachricht des Chronicon Laureshamense[1]), die,
wie schon Pertz erkannt hat, in das Jahr 1065 zu setzen
ist. Es ist daselbst die Rede von den heimlichen Absichten des Erzbischofs Adalbert auf die Gewinnung des
Klosters Lorsch. Der Chronist fährt fort: „Adalbertus
Bremensis de Laureshamensi ecclesia conceptum animi

---
[1]) M. G. SS. XXI, p. 414.

1065. diu occuluit, donec arrepta occasione regem, Wormatiae pascha celebraturum, velut in transitu Lauresham adduxit". Während der König ehrenvoll von den Mönchen aufgenommen wurde, nahm Adalbert den Abt bei Seite und suchte denselben durch Schmeichelreden und Versprechungen für sein verstecktes Vorhaben zu gewinnen. Wie lange der Aufenthalt des Hofes in dem Kloster währte, wird nicht gesagt. Dass er gerade auf den Palmsonntag 1065 fiel, wie Grünhagen [1]) angiebt, geht aus dem Chron. Lauresham. nicht hervor.

Von Lorsch zog man also weiter nach Worms. Hier fand, wie schon erwähnt, am 27. März die Osterfeier statt, der am 29. März, dem Osterdienstag, der feierliche Akt der Schwertnahme Heinrichs folgte. Dies berichten Lambert, Berthold, Bernold, desgleichen die Annales Weissemburgenses[2]) und die Annales Laubienses[3]). Nach der Angabe der letzteren fiele der Akt der Schwertumgürtung auf den 30. März. Sie verdient jedoch keinen Glauben gegenüber Bernold und den Ann. Weissemb., die beide den 29. März überliefern. Die vormundschaftliche Regierung hatte damit ein Ende.

Unmittelbar nach dieser Feier siedelte der mündig gewordene König nach Mainz über, wo er bereits am 31. März, dann am 3., 4. und 5. April verschiedene Schenkungen vollzog (St. 2556, 2559—2562). Nach einer vom 1. April datierten Urkunde (St. 2658) müsste Heinrich sich an diesem Tage in Worms aufgehalten haben. Aber es ist kaum anzunehmen, dass er am 29. März in Worms, am 31. März in Mainz, am 1. April wieder in Worms, am 3. April wieder in Mainz gewesen sein sollte. Ficker[4]) hat auf diesen Umstand, als ein klares Beispiel für Verschiebung des urkundlichen Itinerars hingewiesen.

[1]) Grünhagen, Adalbert, Erzbischof von Hamburg (Leipzig 1854), p. 195.
[2]) M. G. SS. III, p. 33—72.
[3]) M. G. SS. IV, p. 9—20.
[4]) a. a. O. II, p. 279.

Man kann wohl mit Sicherheit annehmen, dass das actum 1065. von St. 2658 sich auf die Handlung oder einen früheren Akt der Beurkundung bezog, bezw. dass der Aufenthalt des Königs in Mainz vom 31. März bis zum 5. April ein ununterbrochener war.

Mitte oder Ende April scheint der Hof nach Bayern aufgebrochen zu sein. Er war am 1. Mai in Regensburg (St. 2664), am 15. Mai zur Pfingstfeier in Augsburg (Ann. Aug.). Von hier aus erging von Seiten des Königs an Anno der Befehl, dass der wahrscheinlich schon in Worms beschlossene Römerzug unterbleiben und auf den nächsten Herbst verschoben werden solle [1]). Nachdem Heinrich am 20. Mai noch in Augsburg geurkundet hatte (St. 2665—2667), begab er sich nach Günzburg östlich von Ulm, wo wir ihn zwei Tage später treffen (St. 2668). Dann wandte er sich südwestlich gegen den Bodensee und zog über die Reichenau (daselbst am 31. Mai, cf. St. 2669) nach Basel, wo Urkunden vom 8. und 11. Juni (St. 2670 und 2671) auf seine Anwesenheit deuten. Dieselbe wird weiter beglaubigt durch eine Nachricht im Chron. Lauresham.[2]), wo kurz nach den oben citierten Angaben erzählt wird, der König habe den Abt von Lorsch zu sich nach Basel rufen lassen, um mit ihm über die Angelegenheit zwischen Adalbert und dem Kloster zu verhandeln.

Von Basel richtete Heinrich seinen Weg nach Lothringen, ging über Blamont, östlich von Lunéville, (St. 2672, ohne Tagesdatum) nach Toul, wo seine Gegenwart am 20. Juni durch eine Urkunde des Bischofs Udo von Toul (St. 2671 a) bezeugt ist. In diesem oder dem folgenden Monate zog er das Moselthal abwärts nach Trier, wo er am 1. August Hof hielt. Dies erhellt aus einer Nachricht des Triumphus s. Remacli (I, c. 4), die, wie aus dem Zusammenhang deutlich zu erkennen ist, nur in das

---

[1]) cf. den Brief Annos an Alexander II. bei Giesebrecht, Kaiserzeit III, p. 1242.

[2]) M. G. SS. XXI, p. 414.

1065. Jahr 1065 gesetzt werden kann. Es heisst daselbst: „Eo tempore recurrente principis apostolorum martyrio decorata annua sollempnitate, curia regalis apud Treviros habebatur non sine detrimento huius ecclesiae."

Wattenbach will unter dem hier genannten Feste den Peter- und Paulstag verstehen und bemerkt demgemäss den 29. Juni am Rande seiner Ausgabe des Triumphus. Dieser Annahme sind ohne weiteres Giesebrecht[1]) und Stumpf, der darnach die Urkunden ordnet, gefolgt. Doch ist an der angeführten Stelle des Triumphus wohl sicher Petri vincula, d. i. der 1. August, gemeint. Abgesehen davon, dass von dem princeps und nicht den principes apostolorum die Rede ist, deutet auch der Ausdruck „recurrente—sollempnitate" auf den 1. August. Denn das „recurrente" bezieht sich zweifellos auf die oben p. 17 citierte Stelle des Triumphus (I, c. 2), wo erzählt wird, dass der König am 1. August 1061 in Stablo Hof hielt („Aderat festivitas s. Petri, quae vocatur ad vincula etc.").

Während Heinrichs Anwesenheit in Trier wurden die undatierten Urkunden St. 2673—2676, die letzte derselben die Privilegien von Stablo und Malmedy bestätigend, erlassen. Doch zu derselben Zeit verlieh der König die Abtei Malmedy an Erzbischof Anno (Triumphus I, c 4). Bald nach dem 1. August kehrte er aus dem Moselthal an den Mittelrhein zurück und stellte schon am 8. August zu Tribur eine Urkunde aus (St. 2678). Sein Aufenthalt in dieser Stadt wird bestätigt durch eine Nachricht des Triumphus[2]), derzufolge Abt Dietrich von Stablo, wegen seiner Renitenz gegen Anno an den Hof citiert, in Tribur zugegen war.

Mitte August erfolgte der Umzug Heinrichs vom Rhein nach Sachsen. Er urkundete am 18. August in Gerstungen, an der Werra, (St. 2679), am 30. August in Goslar

---

[1]) Kaiserzeit III, p. 1102.
[2]) Triumphus s. Remacli I, c. 6: Abbas archiepiscoporum consilio detinetur ad curiam, quae tunc habebatur apud Triburias, sedem regiam.

(St. 2680 und 2681). Am 6. September war er in Oschers- 1065. leben (St. 2683 und 2684), am 27. September in Bossenleben (St. 2685), beide Orte unweit Halberstadt; dann kehrte er nach Goslar zurück und blieb hier wohl von Anfang Oktober bis in den November hinein (cf. die Urkunden vom 16. und 19. Oktober, St. 2686 und 2687).

Dass Heinrich am 1. November noch in Goslar zu sein beabsichtigte, zeigt ein von ihm an den Abt von Lorsch gerichteter, im Chron. Lauresham.[1]) überlieferter Brief, in dem er jenen auf das Fest aller Heiligen zu sich nach Goslar bescheidet. Der Abt allerdings kam nicht, sondern liess sich durch Boten entschuldigen. Am 19. November und 8. Dezember verweilte der König in Corvei (St. 2688 und 2689).

Über den Ort der Weihnachtsfeier 1065 gehen die Quellen auseinander. Lambert nennt Goslar, der Altaicher Annalist Mainz. Mit Recht haben sich Giesebrecht[2]), Bresslau[3]) und Delbrück[4]) für die Angabe des bayerischen Annalisten entschieden. Insbesondere hat der letztgenannte Forscher überzeugend dargethan, dass der ganze Bericht Lamberts an dieser Stelle ein einseitig gefärbter ist und jeder Zuverlässigkeit entbehrt. Wohl möglich, dass, wie Bresslau meint, Goslar durch eine schriftliche Reisedisposition ursprünglich als Ort der Weihnachtsfeier in Aussicht genommen war. Als Heinrich indessen im Herbst 1065 für den Januar des nächsten Jahres einen Fürstentag zu Tribur anberaumt hatte, änderte er seinen ursprünglichen Plan, wohl in der Absicht, schon während der Zeit des Weihnachtsfestes dem Orte des angesetzten Fürstentages nahe zu sein. Der König nahm den Weg nach Mainz über Ingelheim, wo ihn der schwere Verlust seines Freundes, des Grafen Werner,

---

[1]) M. G. SS. XXI, p. 414.
[2]) Kaiserzeit III, p. 126.
[3]) a. a. O. II, p. 426, 429.
[4]) Delbrück, Über die Glaubwürdigkeit Lamberts von Hersfeld (Bonn 1873), p. 18 ff.

1065. traf, der in einem Streite mit den Einwohnern um das Leben kam. Dies letztere Ereignis berichtet Lambert, setzt dasselbe aber, seinen unrichtigen Angaben entsprechend, in die Zeit nach Weihnachten, während es, wenn der König das Fest in Mainz beging, natürlich vorher, etwa Mitte Dezember, fallen muss. —

1066. Was den Triburer Fürstentag zu Beginn des Jahres 1066 betrifft, so giebt keine der Quellen, die über denselben berichten (Lambert, Adam von Bremen[1]), Ann. Weissemb., Chron. Lauresham.) eine nähere Bestimmung über die Zeit seiner Abhaltung. Ein terminus ad quem ist zu gewinnen aus der Chronik von Lorsch. Dieselbe erzählt[2]), dass der Abt dieses Klosters, der durch seine Opposition gegen den Erzbischof von Bremen in die Ungnade des Königs gefallen war, nach dem Sturze Adalberts wieder in Huld am Hofe aufgenommen wurde und alsdann am 2. Februar in seine Abtei zurückkehrte[3]). Die Vorgänge zu Tribur müssen demnach in den Januar fallen. Eine nähere Zeitbestimmung giebt ein Brief Annos an Papst Alexander vom Frühjahr 1066[4]), demzufolge Heinrich nach dem 13. Januar (post octabas epiphaniae) ein „colloquium cum quibusdam principibus" abhielt. Unter den dabei anwesenden Fürsten wird Adalbert nicht genannt, sein Sturz muss also schon früher, wie Giesebrecht[5]) vermutet, am 13. Januar oder kurz vorher erfolgt sein.

Nachdem der Hof wohl den ganzen Januar in Tribur verbracht hatte, ging er im Laufe des nächsten Monats

---

[1]) M. G. SS. VII, Buch III, c. 46.
[2]) M. G. SS. XXI, p. 415.
[3]) Die Annahme von Pertz, das „rege Triburim reducto" (p. 415) beziehe sich auf Heinrichs Aufenthalt in Tribur im Juli 1066 und die demgemäss vorgenommene Textconjektur wurde von Giesebrecht als irrig erkannt. Das „reducto" ist auch begründet durch Heinrichs Aufenthalt in Tribur im August 1065.
[4]) Bei Giesebrecht, Kaiserzeit III, p. 1243.
[5]) Kaiserzeit III, p. 1103.

nach Worms, wo er am 20. Februar urkundlich nachgewiesen ist (St. 2690). Bald darauf zog Heinrich rheinabwärts und hielt nach dem Triumphus s. Remacli[1]) (I, c. 14) im März längere Zeit in Aachen Hof. In dieselbe Zeit fällt eine am 12. März ausgestellte Urkunde (St. 2691) mit dem Ausstellort Reginbach. Wenn dieses nach Stumpf und Giesebrecht nicht ganz unverdächtige Diplom echt ist, wird bei Reginbach mit letzterem[2]) kaum an Regensburg, sondern mit Stumpf sicher an Rainbach gedacht werden müssen; und zwar nicht, wie Stumpf in den Zusätzen und Berichtigungen zu vermuten scheint, an Rainbach, östlich von Heidelberg, bei Neckargemünd, sondern wie er ursprünglich in seinen Regesten annahm, an das jetzige Rheinbach, südwestlich von Bonn. Dieser Ort lag auf dem Wege Heinrichs, wenn er von Worms nach Aachen zog. Die Nachricht also, dass er am 12. März Rheinbach berührte, fügt sich vortrefflich dem nachgewiesenen Itinerare ein. Den Aufenthalt des Königs zu Aachen in der Fastenzeit benutzten die Mönche von Stablo zu einer Massendemonstration vor demselben, um die verlorene Abtei Malmedy wiederzugewinnen. Sie zogen in langer Prozession mit den Gebeinen des heiligen Remaclus nach Aachen vor die königliche Pfalz, konnten aber, obgleich Heinrich ihrem Gesuche geneigt schien, in Folge von Gotfrieds hartnäckigem Protest nichts erreichen und mussten unverrichteter Sache in ihr Kloster zurückkehren[3]).

Das Osterfest am 16. April beging der Hof nach Lambert und Berthold in Utrecht, nach den Ann. Alt. in Speier; doch ist die Angabe der letzteren bei der Übereinstimmung der beiden Chronisten und der Richtung des Itinerars mit Sicherheit zu verwerfen. Bald darauf

---

[1]) Eodem anno [1066] Aquisgrani celebratur regalis curia, quo tempore agebatur quadragesimalis parsimoniae observantia.
[2]) Kaiserzeit III, p. 1108.
[3]) Triumphus s. Remacli I, c. 14, 15.
cf. Floto, a. a. O. I, p. 292 ff.

1066. zog der König vom Niederrhein nach Osten gegen die thüringischen Gegenden, kam über **Dortmund**[1]) (St. 2692, ohne Tagesdatum) etwa Mitte Mai nach **Fritzlar** und wurde hier nach Lambert von einer lebensgefährlichen Krankheit befallen[2]). Nach seiner Wiedergenesung zog Heinrich weiter nach **Hersfeld**, wo er Pfingsten am 4. Juni feierte (Lambert). Dann wandte er sich südwärts und war am 29. Juni nach den Ann. Alt. in **Würzburg** (cf. St. 2693). Hier fand, wie dieselbe Quelle berichtet, die feierliche Krönung Berthas zur Königin statt; die Vermählung des fürstlichen Paares war auf das Drängen der Fürsten hin auf die nächstfolgende Zeit anberaumt. Die Nachricht des Altaicher Annalisten betreffs der Krönung Berthas wird von Schulz[3]), wie ich glaube, unbegründeter Weise in Zweifel gezogen. Die Vermählung erfolgte dann nach Lambert und Berthold zu **Tribur**, jedenfalls vor dem 13. Juli, wo der König eine Schenkung für seine Gemahlin vollzog (St. 2694). Irrtümlich ist die Angabe der Ann. Alt., die Hochzeit habe zu **Ingelheim** stattgefunden[4]).

Für Sommer und Herbst 1066 haben wir nur sehr dürftige Nachrichten zum Itinerare des Königs. Eine Urkunde vom 16. November (St. 2696) findet ihn zu **Eckartsberga**, nordöstlich von Weimar, eine solche vom 3. Dezember (St. 2698) zu **Goslar**. Ausserdem ist ein in **Ebsdorf**, zwischen Marburg und Giessen, ausgefertigtes Diplom (St. 2695, ohne Tagesdatum) vorhanden, das jedenfalls in die Zeit nach dem 29. Juni zu setzen

---

[1]) Waitz vermutet unter Triremundi (Trutmundi), dem überlieferten Ausstellort dieser Urkunde Dondermonde, östl. von Gent. Dann wäre dieser Ort im Itinerar wohl zwischen Aachen und Utrecht einzuschalten.

[2]) cf. auch Ann. Alt.

[3]) K. Schulz, Über das Reichsregiment in Deutschland unter König Heinrich IV. (Berlin 1871), p. 53.

[4]) Ekkehard (M. G. SS. VI) und Ann. Saxo erwähnen die Hochzeit zu **Tribur**, indes irrig zu 1067, die Ann. Rosenveldenses (M. G. SS. XVI) zu 1069.

ist, da Bertha in demselben Königin genannt wird. Endlich eine Nachricht des Triumphus¹) (I, c. 18), derzufolge Heinrich im Sommer oder Herbst 1066 mit der Königin in Stablo gewesen sein muss, wobei er dem Abt des Klosters die Abtei Malmedy förmlich wieder zusprach. Sucht man diese Nachrichten in Zusammenhang zu bringen, so würde sich am wahrscheinlichsten folgendes Itinerar ergeben: Der König begab sich im Sommer 1066 vom Mittelrhein nach Lothringen, wo er dem Kloster Stablo den erwähnten Besuch abstattete. Von hier zog er direkt ostwärts nach Thüringen und berührte dabei das auf dem Wege liegende Ebsdorf; am 16. November war er in Eckartsberga, am 3. Dezember in Goslar.

1066.

Für den Ort der Weihnachtsfeier 1066 haben wir drei divergierende Angaben: Berthold nennt Speier, der Altaicher Annalist Regensburg, der Verfasser des Triumphus (I, c. 18) Bamberg. Giesebrecht²) in einer Anmerkung zu den Ann. Alt., ebenso Bresslau³), hat sich für Bamberg entschieden. Der Verfasser des Triumphus verdient deshalb den meisten Glauben, da nach seinem Berichte der Abt von Stablo an Weihnachten bei Hofe war, jene Nachricht also aus ganz direkter und zuverlässiger Quelle geschöpft ist. —

Die erste Zeit des Jahres 1067 ist mit den Vorbereitungen Heinrichs zu dem geplanten Römerzuge ausgefüllt. Verschiedene Aufforderungen zu demselben waren von Rom aus an den deutschen Hof ergangen, Kaiserin

1067.

¹) Nam antehac infra ipsum annum [1066], cum [rex] apud nos [in Stablo] esset cum regina, bonum hoc ipsi sancto Remaclo per baculum ipsius reddiderat etc.
²) Ann. Alt. p. 84, Note 3. Irrig ist die Angabe Giesebrechts (Kaiserzeit III, p. 135), der König habe Weihnachten 1066 dem Abte das Kloster Malmedy wieder zugesprochen. Dies geschah, wie ich ausführte, bereits früher bei dem Besuche Heinrichs in Stablo. cf. Note 1.
³) a. a. O. II, p. 426.

1067. Agnes selbst eilte im Winter über die Alpen. Heinrich hatte sich zur Romfahrt entschlossen und war nach den Ann. Aug. schon vor dem 2. Februar in **Augsburg** eingetroffen, um von hieraus den Zug nach Italien anzutreten[1]). Aber wiederum wurde das Unternehmen vereitelt und zwar durch Herzog Gotfried, der, statt in Augsburg zu erscheinen, auf eigene Hand die Alpen überschritten hatte. Der König gab den geplanten Zug auf. Er ging nach **Regensburg**, wo er am 5. und 6. März urkundete (St. 2700 und 2701), von da über **Wiehe**, südlich von Allstädt, (St. 2702 und 2703, ohne Tagesdatum, aber wahrscheinlich hierher zu setzen), nach **Goslar**. Hier beging er am 8. April die Osterfeier (Ann. Alt.).

Für die folgende Zeit sind wir äusserst dürftig unterrichtet. Notizen der Geschichtschreiber über den Aufenthalt des Hofes mangeln gänzlich, und den vorhandenen Urkunden fehlt meistens das nähere Datum. Nur die allen hierher gehörigen Diplomen gemeinsame Angabe: ind. V und ann. reg. 11 weist darauf hin, dass ihre Ausstellung vor den 5. Oktober 1067 zu setzen ist.

Die Reihenfolge ist also nur aus der geographischen Aneinanderreihung der in den Urkunden genannten Orte herzustellen.

Der König hielt, wie es scheint, im Sommer dieses Jahres einen Umzug durch den Südwesten und Westen des Reiches. Er war am 8. Juni in **Reichenau** (St. 2705); von da ging er vermutlich nach **Pforzheim**, wo er dem Grafen Eberhard von Nellenberg den Wildbann in dessen Besitzungen im Kletgau und Hegau verlieh (St. 2706). Dann wandte er sich über **Bruchsal** (St. 2707) nach **Speier** (St. 2708). Wiederum verliess er das linksrheinische Ufer, bestätigte in **Marhowa**, bei Lorsch, in der Mark Heppenheim, der Abtei Lorsch den Markt und die Münze (St. 2710), um dann bei **Mainz** auf das linke

---

[1]) cf. dazu die Angaben der Ann. Alt., die sich daselbst fälschlich zum Jahre 1068 finden, und Amatus VI, c. 9.

Rheinufer zurückzukehren (St. 2711). Von hier zog Heinrich 1067. wohl im August nach der alten Kaiserpfalz zu Aachen (St. 2712 und 2713).

Einen sichern Anhaltspunkt für den Aufenthalt des Königs erhalten wir erst wieder für den Spätherbst 1067 durch Lambert, der berichtet, Heinrich sei am 11. November nach Goslar gekommen, daselbst schwer erkrankt und lange Zeit darnieder gelegen. Diese Krankheit scheint den König den ganzen Rest des Jahres hier festgehalten zu haben. Er feierte nach Lamberts Angabe Weihnachten zu Goslar, während seine Gesundheit noch immer nicht völlig wiedergekehrt war. Dem gegenüber kann die Nachricht Bertholds, Heinrich habe das Fest in Köln begangen, wie er es vielleicht vor seiner Krankheit beabsichtigt haben mag[1]), um so weniger Glauben verdienen, als auch die Altaicher Annalen Goslar als Ort der Weihnachtsfeier nennen. —

Für die ersten vier Monate des Jahres 1068 sind wir **1068.** völlig ohne Nachrichten über Heinrich IV. Wie zu vermuten naheliegt, hat er diese Zeit in den Harzgegenden, vielleicht seinem Lieblingsaufenthalt Goslar, in stiller Zurückgezogenheit verbracht, den Sinn lediglich auf die Herstellung seiner tieferschütterten Gesundheit gerichtet. Am 14. Mai, drei Tage nach Pfingsten, treffen wir den König, einer daselbst ausgestellten Urkunde (St. 2714) gemäss, in Dortmund, am 29. Mai in Soest, in Westfalen (St. 2715). Bald darauf scheint der Hof Niederdeutschland verlassen zu haben und nach längerer Abwesenheit an den mittleren Rhein zurückgekehrt zu sein.

In der zweiten Hälfte des Juni wurde zu Mainz ein Hoftag abgehalten. Der Chronist Cosmas[2]) (II, c. 25)

---

[1]) cf. Bresslau. a. a. O. II. p. 429.

[2]) M. G. SS. IX (II, c. 25): Dux Wratislaus comites 4 cum fratre suo Jaromir iam electo ad Heinricum regem misit. Qui

1068. erzählt, dass auf demselben eine böhmische Gesandtschaft erschien, die Jaromir, den Bruder des Herzogs Wratislaus, in ihrer Mitte nach Mainz geleitete, um dessen Wahl zum Bischof von Prag durch den deutschen König bestätigen zu lassen. Die Gesandten trafen nach Cosmas am 23. Juni bei Heinrich in Mainz ein. Ihr Gesuch wurde bewilligt und am 26. Juni erfolgte die Investitur Jaromirs.

Nach St. 2716 müsste der König am 5. August in Goslar gewesen sein. Da das betreffende Diplom indessen nie vollzogen wurde, fehlt ihm die beweisende Kraft. Ein Aufenthalt Heinrichs in Sachsen um jene Zeit ist durchaus unwahrscheinlich, da das Itinerar durch ihn in störender Weise unterbrochen würde.

Am 12. August treffen wir den König in Berstadt (St. 2717), zwischen Frankfurt und Giessen; von da scheint er sich durch Franken nach Bayern begeben zu haben, wo er Mariä Geburt am 8. September in Augsburg feierte (Ann. Aug.). Nachdem er hier wohl den ganzen Monat verbracht hatte, zog er im Spätherbst durch die Mark Meissen nach Sachsen. Er war am 18. Oktober in Meissen (St. 2718 und 2719), am 28. Oktober in Rochlitz, an der Mulde, (St. 2720), am 25. Dezember, wie Lambert und Berthold melden, in Goslar. Den Nachrichten der beiden letzteren gegenüber kann die Angabe der Ann. Alt., Heinrich habe Weihnachten in Mainz gefeiert, besonders im Hinblick auf die Urkunde St. 2721, kaum in Betracht kommen. —

1069. Noch am 3. Januar des Jahres 1069 verweilte der Hof in Goslar (St. 2721). Bald darauf wurde gegen die aufständischen Wenden unter des Königs eigener Führung ein Feldzug unternommen, nachdem schon im vorangegangenen Winter Bischof Burchard von Halberstadt ein

venientes in vigilia s. Johannis adeunt Caesarem in urbe Maguntia, tractantem cum episcopis imperialia negotia, rogant, quo confirmaret eorum electionem.

sächsisches Heer siegreich über die Elbe geführt hatte. 1069. Den Zug gegen die Liuticen im Winter 1069 berichtet der Altaicher Annalist[1]); die Ann. Weissemb. erzählen ausdrücklich, dass Heinrich die Elbe überschritten habe. Das Unternehmen verlief glücklich. Näheres über die Richtung des Wegs, den das sächsische Heer einschlug, ist nicht bekannt. Bei der Rückkehr von diesem Wendenkriege kehrte der König, wie die Ann. Alt. melden, einer Einladung Ottos von Nordheim folgend, auf einem am Wege liegenden Gute desselben ein, woselbst nach des Annalisten Angabe von Seiten des Herzogs ein verruchter Anschlag auf das Leben des jungen Herrschers geplant war, der indessen durch die rechtzeitige Hülfe von Heinrichs Genossen völlig fehlschlug[2]). Wenn auch die Wahrheit dieser letzteren Erzählung von Mehmel[3]) u. a. wohl nicht mit Unrecht stark bezweifelt wird, so kann man deshalb doch an der Nachricht, dass der König um jene Zeit auf dem Gute Ottos einkehrte, festhalten.

Am 12. April, zum Osterfeste, war der Hof nach Lambert wieder in Quedlinburg. Dann zog er nach dem Rhein und beging, wie der Hersfelder Annalist erzählt, die Pfingstfeier am 31. Mai in Köln. Indes eine unverdächtige Urkunde vom 1. Juni (St. 2723) bezeugt Heinrichs Gegenwart an diesem Tage in Mainz. Beide Nachrichten schliessen sich aus; es ist unmöglich, dass der Hof die grosse Strecke Köln—Mainz an einem Tage zurückgelegt haben sollte. Die Richtung des Itinerars wird durch Lambert selbst bestätigt, der erzählt, Heinrich habe nach Pfingsten zu Worms einen Fürstentag abgehalten. Aber was seine Angabe über den Ort der Pfingstfeier betrifft, so möchte ich glauben, dass hier einer jener Fälle vorliegt, wie sie Bresslau in dem öfters citierten

---

[1]) Desgleichen Berthold und Sigeb. Gemblac.
[2]) cf. Vogeler, Otto von Nordheim in den Jahren 1070—1083 (Minden 1880), p. 12.
[3]) a. a. O. p. 43 ff.

1069. Aufsatze nachzuweisen sucht. Köln war vermutlich durch eine schriftliche Reisedisposition als Ort der Pfingstfeier bekannt gegeben worden. Aus einem uns unbekannten Grunde jedoch verliess Heinrich Köln, in welcher Stadt er ja wohl im Mai gewesen sein kann, früher als er beabsichtigt hatte, und zog rheinaufwärts nach Mainz, wo er Pfingsten am 31. Mai feierte und die Urkunde St. 2723 am folgenden Tage ausstellen liess.

Dann begab sich der König zum Fürstentag nach Worms. Er gewann auf demselben den Erzbischof Siegfried von Mainz für seinen Plan, sich von seiner Gemahlin Bertha scheiden zu lassen und versprach demselben dafür, die Entrichtung des Zehnten von den Thüringern, wenn nötig, mit Waffengewalt zu erzwingen. Die endgiltige Lösung der Ehescheidungsfrage sollte auf eine im Herbst dieses Jahres abzuhaltende Reichsversammlung verschoben werden. Vom Rhein zog der König nach Bayern. In Regensburg traf ihn, wohl in der Mitte des Sommers, wie der Altaicher Annalist berichtet, die Nachricht von dem Aufstande des Markgrafen Dedi. Unverrückt sammelte er ein stattliches Heer und zog nach Thüringen dem Feinde entgegen. Er nahm Beichlingen, eine Burg Dedis, beim ersten Ansturm; dann rückte er vor Burg Scheidungen (Ann. Alt. und Lambert). Durch die starke Besatzung derselben erlitt er Anfangs starke Verluste, bald aber fiel auch diese Feste. Zu Mühlhausen in Sachsen wurde alsdann in Gegenwart des Königs ein Vertrag zwischen Siegfried von Mainz und Abt Widerad von Fulda abgeschlossen (St. 2722, undatiert). Diese Ereignisse sind wohl alle noch in den Juli 1069 zu setzen.

Unterdessen nahte der Tag der Reichsversammlung zu Mainz heran, auf dem über die Ehe Heinrichs entschieden werden sollte. Er begab sich zu diesem Zwecke in die mittelrheinischen Gegenden; am 15. August ist seine Anwesenheit in Tribur bezeugt (St. 2724 und 2725). Hier erfuhr er wohl, dass der Kardinal Petrus Damiani in Mainz eingetroffen sei, um im Namen des Papstes der 1069. Ehescheidung auf das Entschiedenste entgegenzuwirken. Heinrich gab seinen Plan verloren und wollte sogleich nach Sachsen zurückkehren; nur durch die Bitten seiner Freunde liess er sich bestimmen, nach **Frankfurt** zu gehen und hierhin die in Mainz versammelten Fürsten zu bescheiden (Lambert). Dieselben erschienen und durch das imponierende Auftreten Damianis und die Vorstellungen der Bischöfe und Fürsten, die sich ihm anschlossen, wurde der junge König gezwungen, sein Vorhaben aufzugeben und Bertha weiterhin anzuerkennen. Am 23. September[1]) und am 7. und 8. Oktober ist Heinrichs Anwesenheit in Frankfurt durch Urkunden (St. 2780, 2726 und 2727) bezeugt.

Nach Schluss der Versammlung verliess er Franken und eilte in die sächsischen Gegenden. Er war am 26. und 27. Oktober in **Merseburg** (St. 2728 und 2729); dann begab er sich nach **Goslar**, wo die Königin, die dem Gatten von Frankfurt aus langsam gefolgt war, mit ihm zusammentraf und zum ersten Male eine gütige Aufnahme fand (Lambert). Den November über blieb der König wohl in den Harzgegenden. Dann ging er über **Allstädt** und **Haina**, nordweslich von Gotha, an welchen Orten er am 4. und 14. Dezember urkundete (St. 2730 und 2731) nach Bayern und feierte das Weihnachtsfest nach der übereinstimmenden Angabe von Lambert, Berthold und der Ann. Alt. in **Freising**. Seine Anwesenheit an diesem Orte gegen Jahresschluss bezeugt ferner ein Diplom vom 29. Dezember (St. 2732). —

Wie eine Notiz Bertholds von Reichenau[2]) zeigt, **1070.** durchzog der König zu Beginn des Jahres 1070 Bayern

---

[1]) Nach der Urkunde St. 2780, die Stumpf, Reichskanzler III, p. 447 herausgegeben hat und mit Bestimmtheit in das Jahr 1069 setzt, mit dem Ausstellort Frankfurt.
cf. Stumpf, Reichskanzler III, p. 448, Note 5 und 6.
[2]) a. 1070.: . . . . indeque partibus illis pertransitis in purificatione Mariae Augustam pervenit.

1070. und kam am 2. Februar nach Augsburg, eine Nachricht, die in den Ann. Aug. ihre Bestätigung findet. Im Frühjahr scheint er wieder den sächsischen Boden betreten zu haben. Er feierte Ostern am 4. April zu Hildesheim, wobei ein Streit zwischen den Mannen des Königs und denen des Bischofs ausbrach, in dem die ersteren Sieger blieben (Lambert). Nach den Ann. Alt. wäre Speier der Ort der Osterfeier für das Jahr 1070; doch ist die Nachricht des Hersfelder Annalisten mit Sicherheit vorzuziehen, einerseits wegen seiner Detailangaben über den erwähnten Streit, andererseits in Rücksichtnahme der Urkunde St. 2733, derzufolge Heinrich am 11. April in Goslar war. Das Himmelfahrtsfest am 13. Mai feierte er nach Lambert in Quedlinburg, das Pfingstfest am 23. Mai in Merseburg; nach den Ann. Alt. dagegen war er Pfingsten in Meissen und hielt daselbst einen Fürstentag. Es dürfte schwer sein, zwischen beiden Angaben mit Bestimmtheit zu entscheiden. Beide Orte sind nach dem Itinerare, das uns überliefert ist, wohl möglich; Urkunden aus der nächsten Zeit vor oder nach Pfingsten, die einen Anhaltspunkt gewähren könnten, sind nicht vorhanden. Doch möchte ich auch hier wieder Lamberts Autorität mehr Glauben beimessen, da er sich in den rein sachlichen Nachrichten für diese Zeit besser unterrichtet zeigt als der Altaicher Annalist.

Bald nach Pfingsten scheint Heinrich nach dem Mittelrhein aufgebrochen zu sein. Das Itinerar für die folgende Zeit würde sich nach den vorhandenen Quellen folgendermassen gestalten: 7. Juni· Berstadt (St. 2734) — 16. Juni: St. Goar, am Rhein, (St. 2735) — 19. Juni: Mainz (Lambert) — 23. Juni: Aachen (St. 2735a). Dabei gewann ich das Datum des 19. Juni für den Aufenthalt in Mainz aus der Angabe Lamberts, der König habe auf dem daselbst stattgehabten Fürstentag Otto von Nordheim eine weitere Frist von 6 Wochen bewilligt, damit derselbe sich nach Ablauf dieser Zeit am 1. August in Goslar zum Zweikampf mit Regino stelle [1]). Die Unwahrscheinlichkeit

---

[1]) cf. Vogeler, a. a. O. p. 21.

des durch die angeführten Daten gegebenen Itinerars 1070. springt sofort in die Augen. Es ist ganz unverständlich, wie der König auf seiner Reise von Sachsen nach Mainz in Berstadt plötzlich die vorgezeichnete Reiseroute geändert haben sollte, um den sehr beträchtlichen Umweg über St. Goar am Rhein zu machen. Um so unverständlicher, als Heinrich unmittelbar darauf bei seiner Übersiedelung von Mainz nach Aachen jenes St. Goar, das hier direkt auf seinem Wege lag, berühren musste. Mit anderen Worten: wenn Heinrich in jener Zeit, wie aus St. 2735 hervorzugehen scheint, St. Goar berührte, so kann dies nicht auf dem Wege von Berstadt nach Mainz, sondern muss aller Wahrscheinlichkeit nach auf dem Wege von Mainz nach Aachen geschehen sein. Offenbar liegt in den uns hier überlieferten Quellenangaben eine Verschiebung des Itinerars vor. Zur Rektifizierung desselben sind, wie ich glaube, **zwei verschiedene Wege** möglich. Der eine wäre, in St. 2735 **nichteinheitliche Datierung anzunehmen**, der andere, **die Angaben Lamberts anzugreifen**.

Wenn in St. 2735, um zunächst die erstere Annahme in das Auge zu fassen, nichteinheitliche Datierung vorliegt, so müsste sich bei dem fraglichen Diplom das data auf die Handlung, das actum auf die Beurkundung beziehen. Dass das Umgekehrte, Beziehung des actum auf die Handlung, des data auf die Beurkundung, ziemlich häufig vorkam, hat Ficker[1]) durch eine grosse Reihe von Beispielen belegt. Dagegen ist diesem Forscher aus der Zeit der älteren Datierung kein Fall bekannt, wo in einer Urkunde Datierung nach der Zeit der Handlung und nach dem Orte der Beurkundung anzunehmen wäre.

Ein anderer Ausweg wäre der, in St. 2735 Beziehung von Zeit und Ort auf verschiedene Stufen der Beurkundung anzunehmen. Wiederum sehr gross ist die Zahl der Fälle, wo etwa bei Fertigung der Reinschrift der Ort vermerkt,

---

[1]) a. a. O. I, p. 190—219.

1070. die Zeit dagegen erst später bei der Ausfertigung der Urkunde nachgetragen wurde. Ein Beispiel der Art glaubte ich oben in St. 2546 vermuten zu können (cf. p. 6 ff.). Um den umgekehrten Fall handelt es sich bei der vorliegenden Urkunde: wir haben hier Nennung eines dem Tage noch nicht entsprechenden Ortes und müssten demgemäss Nachtragung nur des Ortes bei einer späteren Stufe der Beurkundung annehmen. Ficker[1]) zeigt nun, dass solche blosse Nachtragungen des Ortes wohl zweifellos vorkamen, dass sie aber „gewiss nur als vereinzelte Ausnahmen zu betrachten sind," die „weniger durch einen bestimmten massgebenden Gesichtspunkt, als durch mehr zufällige Umstände veranlasst zu sein" scheinen. Es mag nach den einschlägigen Erörterungen Fickers immerhin gewagt erscheinen, in der vorliegenden Urkunde einen derartigen Ausnahmefall ohne Weiteres anzunehmen.

Der zweite Weg, um das Itinerar dieser Tage zu einem geregelteren zu machen, wäre der, die Angaben Lamberts einer Kritik zu unterziehen. Allein auch hier ist man zu sehr auf leere Vermutungen angewiesen, um zu einem völlig sicheren Schlusse gelangen zu können. Immerhin wäre denkbar, dass der Wortlaut des Hersfelder Annalisten dem wirklichen Sachverhalt nicht ganz entspräche, und dass die Angabe, der König habe Otto eine Frist von 6 Wochen gegeben, dem Kopfe Lamberts entsprungen wäre. Ich vermute nämlich, dass Heinrichs Aufenthalt zu Mainz etwa in die Zeit vom 9.—15. Juni zu setzen ist. Auf dem hier abgehaltenen Fürstentage wurde Otto von Nordheim wahrscheinlich eine weitere Frist bis zum 1. August bewilligt, an welchem Tage er sich in Goslar zu stellen habe. Diesen Beschluss mag Lambert aus zuverlässiger Quelle gekannt haben. Zugleich wusste er, dass der Fürstentag zu Mainz etwa um die Mitte des Juni stattgefunden hatte. Durch den Um-

---

[1]) a. a. O. II, p. 264—271.

stand nun, dass die dem Herzog bewilligte Frist ungefähr 1070. dem Zeitraum von 6 Wochen gleichkam, wurde Lambert veranlasst, die Sache so darzustellen, als ob der Beschluss des Mainzer Fürstentags auf Bewilligung einer Frist von 6 Wochen gelautet habe. Lambert dachte wohl nicht daran, etwa nachzurechnen, ob jene ungefähre Frist auch auf den Tag dem Zeitraum von 6 Wochen gleichkäme.

Obgleich auch dieser letztere Erklärungsversuch, wie ich zugebe, von einer gewissen Willkür nicht ganz freizusprechen ist, scheint er mir doch zulässiger zu sein als der zuerst ausgeführte. Er findet ausserdem gegenüber jenem ersten einige Unterstützung durch den auffallenden Umstand, dass der König, wenn er am 19. Juni in Mainz war, die Strecke von hier bis Aachen, in der Luftlinie etwas über 24 deutsche Meilen, in dem Zeitraum von 3 Tagen zurückgelegt haben sollte. Diese Geschwindigkeit wäre eine sehr ungewöhnliche und würde jeden längeren Aufenthalt in St. Goar, wo doch St. 2735 ausgefertigt sein müsste, ausschliessen. Diese Schwierigkeit ist beseitigt, wenn meine soeben ausgeführten Kombinationen über Lamberts Angabe richtig sind. Ich möchte daher als Itinerar für den Juni ansetzen: 7. Juni: Berstadt — ca. 9.—15. Juni: Mainz, dann Aufbruch rheinabwärts — 16. Juni: St. Goar — 23. Juni: Aachen.

Heinrichs Aufenthalt zu Aachen ist auch noch in den folgenden Tagen durch St. 2736 (vom 25. Juni) nachgewiesen. Er scheint diesen und den folgenden Monat in Lothringen verbracht und sich dann Ende Juli nach Sachsen begeben zu haben.

Zufolge St. 2737 allerdings müsste Heinrich am 20. Juli in Weissenburg an der Rezat gewesen sein, worauf er sich zu dem auf den 1. August angekündigten Tage nach Goslar begab (Lambert). Allein das Itinerar, das sich hieraus ergiebt, ist sehr unwahrscheinlich. Mitte Juni vom mittleren Rhein nach Aachen, von da zurück in das nördliche Bayern, dann Ende Juli nach Sachsen: Dieses Umherziehen, wenn auch zeitlich wohl möglich, erregt

1070. starken Verdacht und legt die Vermutung nahe, dass die Ortsangabe in St. 2737 sich auf eine früher vollzogene Handlung bezieht¹). Diese letztere wäre dann wohl in den Anfang des Jahres 1070 zu setzen, wo der König nachgewiesenermassen Bayern durchzog und bei seiner Reise von da nach Sachsen wohl auch Weissenburg an der Rezat berührt haben mag. Er wäre demgemäss im Juli von Lothringen in direkt östlicher Richtung nach Sachsen gezogen.

Am 1. August war der König zu dem festgesetzten Tage in Goslar eingetroffen (Lambert, Ann. Alt.). Otto erschien in der Nähe der Stadt und verlangte freies Geleite. Als er dieses nicht erhielt, zog er wieder ab, ohne vor das Angesicht des Königs getreten zu sein. Dieser liess durch die Fürsten das Verdammungsurteil über den Herzog sprechen, nach dem Hersfelder Annalisten am 2. August, eine Angabe, welche Mehmel²) wohl mit Recht der der Ann. Alt. vorzieht, denen zufolge dies schon am 1. August geschehen wäre. Sodann brach der König mit einem Heere zur Zerstörung von Ottos Gütern auf³). Nachdem auf seinen Befehl die Burg Hanstein an der Werra geschleift worden war, wandte er sich selbst zur Belagerung des Kastells Desenburg bei Paderborn. In der bezwungenen Feste liess er eine Besatzung zurück und zog weiter in das Innere Westfalens, um den dort gelegenen Gütern von Ottos Gemahlin ein ähnliches Schicksal zu bereiten. Diese Ereignisse sind wohl alle in den Monat August zu setzen. Denn als der König von der am 2. September bei Eschwege erlittenen Nieder-

---

¹) Die Unwahrscheinlichkeit des Itinerars bliebe dieselbe, auch wenn in St. 2737 statt des Ausstellortes Weissenburg: Würzburg zu lesen wäre (cf. Neues Archiv I, p. 418).

²) a. a. O. p. 71.

³) Wohl kaum vor dem 6. August, an welchem Tage er wahrscheinlich noch in Goslar war; cf. St. 2738, deren Ausstellort korrumpiert ist, die aber, da sie die Privilegien eines Fürsten bestätigt, vermutlich noch auf dem Tage zu Goslar ausgestellt wurde.

lage der Thüringer durch Herzog Otto erfuhr, eilte er 1070. rasch nach Goslar und blieb hier, wie Lambert berichtet, den ganzen Rest des Jahres, um nicht etwa durch seine Abwesenheit die geliebte Stadt einem Überfall durch den aufrührerischen Herzog auszusetzen. Die Altaicher Annalen nennen im Widerspruch zu Lambert nicht Goslar, sondern Bamberg als Ort der Weihnachtsfeier. Diese Angabe ist einerseits wegen des Zusammenhangs in der Erzählung des Hersfelder Annalisten, andererseits wegen der Urkunde St. 2740, derzufolge Heinrich am 6. Januar des folgenden Jahres noch in Goslar war, mit Bestimmtheit zu verwerfen. —

Ende Januar oder Anfang Februar 1071 brach der **1071.** König von Goslar auf. Er hatte gehört, dass Herzog Otto die Burg Hasungen am Habichtswalde, in Hessen, befestigte, um hier einen festen Stützpunkt gegen ihn zu gewinnen. Rasch sammelte er Truppen aus Sachsen, Thüringen und Hessen und zog gegen den genannten Ort. Allein durch Vermittlung Eberhards von Nellenburg kam es zu einem Ausgleich, und Otto versprach, sich Ostern in Köln zu stellen (Lambert). Der König begab sich darauf, wie der Hersfelder Annalist erzählt, nach Bayern und war am 6. März nach den Ann. Aug. in Augsburg. Nachdem er Herzog Welf in Bayern eingesetzt hatte, ging er um die Mitte des Monats in die Rheingegenden, die sein Fuss seit dem Juni des vorigen Jahres nicht mehr betreten hatte. Er war am 26. März in Basel St. 2741), am 3. April in Strassburg (St. 2742). Dann zog er stromabwärts und liess die von Kaiser Heinrich II. zerstörte Burg Hammerstein, unterhalb Bingen am Rhein, wieder herstellen (Lambert).

Das Osterfest am 24. April beging Heinrich in Köln und gewährte hier Otto von Nordheim, der sich seinem Versprechen gemäss stellte, eine weitere Frist bis Pfingsten. So berichtet Lambert. Im Widerspruch zu ihm lassen

1071. der Altaicher Annalist und der Verfasser des Triumphus (II, c. 1) den König Ostern zu Lüttich feiern. Auf das gleiche scheint der Context der Urkunde St. 2900[1]) zu deuten, der im Jahre 1089 im Kloster Stablo geschrieben ist und die Worte enthält: „apud curiam nostram Leggiae celebratam in pascha anno videlicet 1071". Eingehend hat Bresslau[2]) über diesen Fall gehandelt und gezeigt, dass mit Recht alle neueren Forscher dem ausführlichen Bericht Lamberts folgen, demzufolge der König seine Hofhaltung erst nach Ostern von Köln nach Lüttich verlegte. Den gemeinsamen Irrtum der drei anderen Quellen will Bresslau so erklären, dass denselben die sowohl nach Altaich wie nach Stablo mitgeteilten schriftlichen Reisedispositionen des Königs für das Jahr 1071 als Quelle dienten. Der Verhandlungen mit Otto wegen gab Heinrich seinen ersten Plan auf und feierte das Osterfest in Köln.

In Lüttich ist des Königs Aufenthalt vom 7.—11. Mai durch die Nachrichten des Triumphus (II, c. 1 — 38) und die Urkunde St. 2743 bezeugt. Hier war es, wo die Erledigung des Streites zwischen Anno und dem Kloster Stablo erfolgte. Wiederum wie vor 5 Jahren waren die Mönche mit den Reliquien ihres Heiligen nach Lüttich herübergewandert und erschienen daselbst am 8. Mai vor dem versammelten Hofe. Am folgenden Tage, dem 9. Mai, gab der König dem Abt von Stablo die Abtei Malmedy zurück. Wie lange Heinrich nach diesen Vorgängen noch in Lüttich blieb, ist unbekannt. Die Angabe von Aeg. Müller[3]), er sei am 12. Mai abgereist, beruht auf keiner Quellenstelle und scheint rein willkürlich zu sein.

Von Lothringen begab sich der Hof nach Sachsen, wo am 12. Juni zu Halberstadt, wie Lambert und die

---

[1]) Dieselbe ist nicht in der Kanzlei geschrieben, aber wohl rekognosziert etc., also legal; demgemäss sowohl inhaltlich, wie für das Itinerar zu verwerten. cf. Stumpf II, p. 536.

[2]) a. a. O. II, p. 429.

[3]) a. a. O. p. 84.

Ann. Alt. berichten, das Pfingstfest gefeiert wurde. Hier 1071. unterwarf sich Otto von Nordheim der königlichen Gewalt. Am folgenden Tage, dem 13. Juni, wohnte Heinrich nach den Gesta ep. Halberstad.[1]) der feierlichen Einweihung des neuen Doms in Halberstadt bei. In der nächstfolgenden Zeit, etwa Anfang Juli, begab sich der König nach Bardewik bei Lüneburg, wo er eine Zusammenkunft mit dem Dänenkönig Swen hatte. Dieses Ereignis erzählt Lambert zum Jahre 1073 ohne Nennung eines Ortes, Bruno in c. 20 seines Buches über den Sachsenkönig[2]), nachdem er in c. 19 von der Unterwerfung Ottos berichtet hat; Adam von Bremen endlich III, c. 59 mit der Bemerkung, dass die Unterredung in demselben Jahre stattfand, in dem sich Otto unterwarf. Nach diesen drei Berichten setzen Grünhagen[3]) und Floto[4]) jene Zusammenkunft wohl mit Recht in das Jahr 1071, und zwar am wahrscheinlichsten in die Mitte des Sommers, etwa Anfang Juli. Dieser Annahme schliesst sich Giesebrecht[5]) an. E. Meyer[6]) will das Ereignis Ende 1071 setzen, ohne diese Ansicht indess begründen zu können. Adam von Bremen an der angegebenen Stelle nennt Lüneburg als Ort jener Unterredung; doch ist wohl Bardewik, die Angabe Brunos, vorzuziehen. Derselbe berichtet, Heinrich habe nach des Dänenkönigs Heimkehr sein Auge auf die Besitznahme der nahegelegenen Feste Lüneburg gerichtet und zu diesem Zwecke dort eine Besatzung von etwa 70 Kriegsleuten zurückgelassen.

Der König blieb bis gegen Ende Juli in Sachsen. Dann brach er gegen die Rheingegenden auf, um persönlich auf der auf den 15. August angesetzten Synode

---

[1]) M. G. SS. XXIII, p. 96.
[2]) M. G. SS. V, p. 327—384.
[3]) a. a. O. p. 219.
[4]) a. a. O. I, p. 361.
[5]) Kaiserzeit III, p. 1113.
[6]) E. Meyer, Lambert von Hersfeld als Quelle zur deutschen Geschichte in den Jahren 1069—1077 (Königsberg 1877), p. 20.

1071. in Mainz zu erscheinen. Der Weg dahin führte Heinrich nach Lambert über das Kloster Hersfeld. Als er von hier nach dem etwas über drei Meilen südwestlich davon gelegenen Dorf Utenhusen[1]) kam, traf ihn unerwartet ein schwerer Schlag. Sein Waffengenosse Liutpold von Mörsburg stürzte vom Ross und fiel dabei unglücklicherweise in das eigene Schwert. Heinrich brachte die Leiche des Freundes sogleich in eigener Person nach Hersfeld zurück und liess dieselbe feierlich in dem Kloster beisetzen (Lambert). Dann schenkte er demselben zur Erinnerung an die Seele des Verstorbenen die Villa Mertenfeld in Eichsfeld und bestätigte diese Schenkung durch eine am 30. Juli zu Hersfeld ausgestellte Urkunde (St. 2744). Wir erhalten dadurch als ungefähre Zeitbestimmung für den ersten Aufenthalt des Königs in Hersfeld und den in Utenhusen die Tage vor dem 30. Juli.

Heinrich traf in der ersten Hälfte des August in Mainz ein. Vom 15. bis zum 18. August wurde hier unter seinem Vorsitz die beabsichtigte Synode abgehalten. Dieselbe wird erwähnt von Lambert, den Ann. Alt., Ann. Weissemb. und Ann. Laub.; das Datum erhellt aus der offiziellen Aufzeichnung über die Synode im Codex Udalrici Nr. 123[2]). Hauptgegenstand der Verhandlungen war die Sache des Bischofs Karl von Constanz, gegen den unter anderem die Beschwerde der Simonie erhoben wurde. Karl sah sich genötigt abzudanken, und an seine Stelle wurde der Goslarer Domherr Otto eingesetzt.

Für die nächste Zeit nach der Mainzer Synode sind wir ohne sichere Nachrichten über des Königs Aufenthalt. Wenn aus dem wegen des nur bis 1067 passenden Kanzlers Sigehard verdächtigen Diplom St. 2746 (ohne Tagesdatum) ein Aufenthalt zu Lorsch für das Jahr 1071 gefolgert

---

[1]) cf. über die Lage desselben Schenk zu Schweinsberg im Korrespondenzblatt des Gesamtvereins der deutschen Geschichts- und Altertumsvereine, Jahrgang 1876, p. 4.

[2]) Jaffé, Bibliotheca V, 87.

werden kann, so wird derselbe mit Stumpf wohl in diese 1071.
Zeit zu setzen sein.

Heinrich wandte sich nachher nach Sachsen, wo ein Diplom vom 4. Oktober seine Anwesenheit in Merseburg bezeugt. Ausserdem berichtet Lambert von einer Zusammenkunft Heinrichs mit den Herzögen von Polen und Böhmen, die in Meissen „autumnali tempore" stattgefunden habe. Jede nähere Zeitangabe fehlt. Für die Frage, ob diese Meissener Zusammenkunft vor oder nach Heinrichs Anwesenheit in Merseburg am 4. Oktober zu setzen ist, gewinnen wir einen Anhalt an der angeblich zu Meissen ausgestellten Urkunde St. 2748 (ohne Tagesdatum). Ob dieselbe echt oder unecht, jedenfalls lässt sich ihre Datierung, die wohl einem echten Diplom entstammt, hier verwerten. Die Urkunde zeigt die Angabe: ann. reg. 15; der ann. reg. 15 dauert bis zum 5. Oktober 1071. Das vorliegende Diplom ist also, entgegen der Anordnung von Stumpf, vor das am 4. Oktober zu Merseburg ausgestellte Stück zu setzen. Der ann. ord. 17 (bis zum 17. Juli 1071) von St. 2748 ist zwar an sich für die Herbstzeit falsch, aber in Übereinstimmung mit dem Urkundengebrauch in der zweiten Hälfte des Jahres. Die Meissener Zusammenkunft fand demgemäss wahrscheinlich im September 1071 statt.

Am 11. Dezember treffen wir Heinrich in Goslar (St. 2750)[1]. Dann kehrte er an den Rhein zurück und feierte Weihnachten nach Lambert in Worms. Durch ein am 29. Dezember daselbst ausgestelltes Diplom (St. 2751) wird die Angabe des Altaicher Annalisten entkräftet, der König habe zu Regensburg das Weihnachtsfest gefeiert. —

---

[1] Auch die zweifelhafte Urkunde St. 2749, vom 28. November, ohne Ausstellort, kann vielleicht verwertet werden: da dieselbe eine Schenkung für eine Kirche zu Goslar enthält, liegt die Vermutung nahe, dass sie (bezw. ihre echte Vorlage) in dieser Stadt ausgestellt ist. Diese Annahme findet eine Stütze an dem durch St. 2750 für jene Zeit nachgewiesenen Aufenthalt des Königs in Goslar.

1072. Am 1. Januar des Jahres 1072 war Heinrich in Lorsch und bestätigte dem Kloster zu Hornbach, südlich von Zweibrücken, die Privilegien Karls des Grossen (St. 2752). Dann ging er nach Bayern, um einen Aufstand, den er in Ungarn besorgte, durch seine persönliche Nähe fern zu halten; er urkundete am 4. Februar in Regensburg (St. 2755). Doch scheint er schon in der ersten Hälfte des Januar hier eingetroffen zu sein; darauf deuten die beiden unechten Urkunden vom 9. Januar mit dem Ausstellort Regensburg (St. 2753 und 2754), deren Datierungsangaben sicher einem echten Diplom entnommen sind. Diese Annahme wird bestärkt durch den Aufenthalt des Königs in Lorsch am 1. Januar, wo er sich mutmasslich auf der Reise von Worms nach Regensburg befand.

Von Bayern führte ihn der Weg in die sächsischen Lande nach Goslar, wo er nach Lambert die ganze Fastenzeit verbrachte. Während dieses Aufenthaltes starb hier am 16. März Adalbert von Bremen (Adam von Bremen III, c. 64—66). Wenige Tage vor seinem Tode hatte ihn Heinrich noch besucht.

Bald darauf verliess der König den Harz und zog über Köln, wo er den Palmsonntag am 1. April feierte, nach Utrecht zur Begehung des Osterfestes am 8. April (Lambert). Er berief hier an Adalberts erledigte Stelle Erzbischof Anno zur Übernahme der Reichsgeschäfte. Dann ging Heinrich nach Aachen, wo seine Anwesenheit durch eine Urkunde vom 27. April zeitlich bestimmt ist, und liess von hier, wie Lambert berichtet, verschiedene Reliquien nach der Harzburg überbringen. Zugleich begab er sich selbst, wie zu vermuten, nach Sachsen zurück. Denn am 17. Mai, dem Himmelfahrtsfeste, finden wir ihn nach dem Bericht des Hersfelder Annalisten zu Goslar, am 27. Mai, dem Pfingstfeste, zu Magdeburg. Hier wurde Otto von Nordheim seiner Haft entlassen und mit dem König versöhnt. Diese letztere Nachricht wird bestätigt durch die Annales Ottenburani[1]).

---
[1]) M. G. SS. V, p. 1—9.

Im Sommer kehrte Heinrich in die fränkischen Gegenden 1072. zurück. Am 25. Juli traf er in Worms mit seiner Mutter Agnes zusammen, die soeben über die Alpen gekommen war und in Worms die Versöhnung ihres Sohnes mit Rudolf von Schwaben vermittelte. Noch am 27. Juli ist des Königs Anwesenheit in Worms urkundlich nachgewiesen (St. 2757).

Für den ganzen übrigen Teil des Jahres lassen uns Schriftsteller und Urkunden völlig im Stiche. Erst an Weihnachten finden wir Heinrich nach der gemeinsamen Angabe Lamberts und der Ann. Alt. in Bamberg wieder. Hier war es, wo er Berthold von Kärnthen seines Herzogtums entsetzte. Ob der König den Sommer und Herbst dieses Jahres in den Rheingegenden oder in Sachsen verbrachte, wird nicht zu entscheiden sein. Die in dieser Zeit sich immer mehr steigernden Unruhen und Klagen der Sachsen über Bedrückung, Burgenbau etc. lassen eher auf einen sächsischen Aufenthalt schliessen. —

Auch für die ersten Monate des Jahres 1073 zeigt **1073.** das Itinerar des Königs eine bedeutende Lücke. Von Franken muss sich Heinrich — vermutlich Anfang März — nach Thüringen gewandt haben. Er wohnte nach Lambert am 10. März einer in Erfurt abgehaltenen Synode bei, auf welcher der Zehntenstreit zwischen Mainz und Fulda zur Verhandlung kam. Nach Schluss der Synode eilte Heinrich „concitus", wie der Hersfelder Annalist berichtet, nach Regensburg, um daselbst am 31. März das Osterfest zu begehen. Auf dem Wege dahin soll er nach Lambert den Palmsonntag am 24. März in Augsburg gefeiert und hier Herzog Rudolf von Schwaben in Gnade bei sich aufgenommen haben. Das letztere berichtet auch der Altaicher Annalist mit der widersprechenden Angabe jedoch, dass dies am 24. März zu Eichstädt geschehen sei. Ich bin geneigt, der letzteren Nachricht den Vorzug zu geben vor Lambert. Denn

1073. wenn der König von Thüringen nach Regensburg zog, lag Eichstädt auf seinem Wege, während er über Augsburg augenscheinlich einen bedeutenden Umweg machte. Dies müsste um so mehr auffallen, da Lambert selbst erzählt, Heinrich sei „concitus" nach Regensburg geeilt. Endlich verdient der Altaicher Annalist hier der Lage seines Klosters wegen grössere Glaubwürdigkeit als der sächsische Geschichtschreiber [1]). Übereinstimmend ist die Angabe beider Quellen, dass der König das Osterfest in Regensburg, das Pfingstfest am 19. Mai in Augsburg beging. Hier fand nach den Ann. Alt. eine Fürstenversammlung statt. Darauf deuten auch die Urkunden vom 20.—24. Mai (St. 2760—2762), welche Heinrichs Anwesenheit zu Augsburg in diesen Tagen beweisen. Dann verliess er Bayern und begab sich nach Sachsen, wo die aufständischen Bewegungen unterdessen in stetem Wachsen begriffen waren.

Am 29. Juni war der König nach Bruno (c. 23) und den Ann. Alt. in Goslar, wohin er nach der Angabe des ersteren eine Versammlung der sächsischen Fürsten anberaumt hatte, damit dieselben ihre Beschwerden vorbrächten. Was die Darstellung der folgenden Dinge betrifft, so hat schon E. Meyer[2]) mit Recht darauf hingewiesen, dass der Bericht Lamberts hier ein vielfach irrtümlicher ist. Heinrich kann, als das sächsische Heer gegen ihn heranrückte, sich nicht mehr in Goslar befunden haben, er muss damals vielmehr schon lange auf der Harzburg gewesen sein; die Gesandtschaft, von der Lambert zum Anfang August berichtet, muss mit dem in Zusammenhang gebracht werden, was Bruno und die Ann. Alt. zum 29. Juni erzählen. Die beiden letzteren Quellen stimmen darin überein, dass, als Anfang August das Heer der Sachsen gegen Heinrich heranzog, derselbe sich

---

[1]) O. Grund, die Wahl Rudolf's von Rheinfelden zum Gegenkönig (Leipzig 1870), p. 30, nimmt ohne weiteres Augsburg an, ohne diese Annahme indes zu begründen.

[2]) a. a. O. p. 22 ff.

bereits auf der Harzburg befand, eine Angabe, die bestätigt 1073. wird durch die Urkunde St. 2764, der zufolge der König schon am 26. Juli auf der Harzburg verweilte. Die Frage bleibt nur die, **wann Heinrich von Goslar nach der Harzburg übersiedelte.**

Giesebrecht[1]) folgt der Darstellung Brunos und erzählt, der König sei an dem anberaumten Tage, am 29. Juni, als die Fürsten sich in Goslar einfanden, gar nicht in ihrer Mitte erschienen, sondern sei, nachdem er sie den ganzen Tag habe warten lassen, durch eine Hinterthür nach der Harzburg entronnen. Allein gerade dieser Bericht Brunos scheint mir durchaus parteiisch gefärbt zu sein und zeigt in sich selbst Widersprüche. Bruno erzählt a. a. O., der König habe die sächsischen Fürsten auf den 29. Juni nach Goslar beschieden, um dort ihre Beschwerden zu vernehmen. Es ist nun gar nicht abzusehen, warum er diese Absicht nicht ausgeführt, sondern, ohne einen Fürsten gesehen zu haben, „spornstreichs" aus der Pfalz entwichen sein sollte, wo doch gewiss noch gar keine Gefahr für seine persönliche Freiheit drohte. Auf den richtigen Sachverhalt deutet vielmehr der Bericht des Altaicher Annalisten[2]). Der Gang der Dinge dürfte darnach etwa der gewesen sein.

Am 29. Juni erschienen die Fürsten, wie ihnen befohlen war, zu Goslar. Sie wurden vorgelassen und trugen ihre Beschwerden, über deren Inhalt wir nicht zuverlässig unterrichtet sind, dem König vor. Dieser gab keine bestimmte Antwort, sondern verwies ihre Klagen auf die Entscheidung der andern Fürsten. Die Sachsen zogen nach einigen Tagen unbefriedigt von der Pfalz ab, und **Heinrich siedelte dann etwa Anfang oder Mitte Juli nach der Harzburg über.** Von den bisherigen Darstellungen dieser Vorgänge scheint mir die richtigste die von Wage-

---

[1]) Kaiserzeit III, p. 274 und 1125.

[2]) a. 1073: Qui [principes] post aliquot dies, vix intromissi ad regis presentiam causaque dicta, sine honore et certo responso regrediuntur ad propria.

1073. mann[1]) zu sein, nur dass ich nicht, wie dieser, das Beziehen der Harzburg in so unmittelbaren Zusammenhang bringen möchte mit der Gesandtschaft der sächsischen Fürsten. Ganz verfehlt sind, wie bereits Giesebrecht gezeigt hat, die Darstellungen Flotos[2]) und Gfrörers[3]), die beide Lamberts Autorität folgen[4]).

Zu Beginn August rückte das sächsische Heer vor die Harzburg und begann die Belagerung derselben. Die Flucht des Königs fällt, wie aus Lambert zu reconstruieren ist, in die Morgenstunden des 9. August[5]). Drei Tage lang durchstreifte er das Gebirge, am vierten Tage, dem 12. August, erreichte er Eschwege an der Werra, am 13. August das Kloster Hersfeld (Lambert). Hier war er vor feindlicher Verfolgung sicher und gönnte sich vier Tage Ruhe. Er beschied die oberdeutschen Fürsten, die bei Mainz im Lager standen und Boten an den König entsandt hatten, zu einer Zusammenkunft nach einem Orte, den Lambert Capella nennt, unweit Hersfeld. Giesebrecht will unter diesem Capella, einer älteren Annahme folgend, das Kloster Spieskappel in Hessen, ca. 4 Meilen nordwestlich von Hersfeld, verstanden wissen. Indess hat Schenk zu Schweinsberg[6]) diese Annahme wohl mit Recht als irrig zurückgewiesen und dargethan, dass unter dem bei Lambert genannten Orte das ca. 3 Meilen

---

[1]) R. Wagemann, die Sachsenkriege Kaiser Heinrichs IV. (Celle 1882), p. 35 und 76 ff.

[2]) a. a. O. I, p. 387 ff.

[3]) a. a. O. VII, p. 21 ff.

[4]) Die ganze Frage, zu welchem Zeitpunkt Heinrich Goslar verlassen hat, verliert übrigens dadurch an Wichtigkeit, dass Goslar und Harzburg so nahe bei einander liegen, dass ein wiederholter Wechsel des Sitzes nicht ausgeschlossen ist.

[5]) Die Angabe der Annales Yburgenses (M. G. SS. XVI), die Heinrichs Flucht von der Harzburg auf den 10. August setzen, kann gegenüber Lamberts eingehender Darstellung kaum Glauben verdienen.

[6]) in dem Korrespondenzblatt des Gesamtvereins der deutschen Geschichts- und Altertumsvereine 1876, p. 5.

südwestlich von Hersfeld gelegene Dorf Kappel zu 1073. suchen ist, das jetzige Grebenau, das genau in der Richtung zwischen Hersfeld und Mainz liegt. Hier fand — wenn Heinrich, wie Lambert angiebt, vier Tage in Hersfeld blieb, wohl am 18. August — die Zusammenkunft zwischen ihm und den oberdeutschen Fürsten statt. Fussfällig flehte er um ihre Hülfe gegen die Rebellen; man beschloss, am 5. Oktober zu Breitenbach, an der Fulda, zusammenzutreten, um dann gegen die Sachsen in das Feld zu ziehen.

Der König setzte seinen Weg fort und traf wohl gegen Ende August in den mittleren Rheingegenden ein, wo er in Tribur und Worms Aufenthalt nahm (Lambert, Berthold). Wie Berthold erzählt, soll er hier erkrankt sein; da jedoch keine andere Quelle etwas davon weiss, liegt vielleicht eine Verwechslung vor mit der Krankheit, die Heinrich etwa 3 Monate später in Ladenburg befiel. Der König blieb in den Rheingegenden, wie anzunehmen, den ganzen September über.

Anders würde sich das Itinerar gestalten, wollte man aus der untergeschobenen Urkunde St. 2667 auf einen Aufenthalt Heinrichs zu Regensburg um den 5. September schliessen. Ein solcher wäre allerdings an sich nicht unmöglich, indem weder Lambert noch Berthold ausdrücklich bezeugen, dass der König die ganze Zeit von Ende August bis Mitte Oktober, wo er nach Würzburg ging, in den Rheinstädten verblieb. Allein unwahrscheinlich wäre ein Aufenthalt zu Regensburg um den besagten Zeitpunkt in hohem Grad. Es ist nicht denkbar, dass Heinrich, als er nach den schweren Schlägen, die er in Sachsen erlitten hatte, in den treuen Rheinstädten eine sichere Zuflucht gefunden hatte, dieselben schon nach ganz kurzer Zeit wieder verlassen haben sollte, um sich aus einem für uns nicht ersichtlichen Grunde nach Bayern zu begeben. Gerade für jene Zeit musste ein längerer Aufenthalt in den rheinischen Städten, wo des Königs Macht wie nirgend anderswo fest begründet war, doppelt

1073. wertvoll für ihn sein. Hier allein konte er daran denken, neue Anhänger um seine Person zu sammeln und die alten Freunde nicht zu verlieren. Abgesehen von diesem inneren Grunde wäre es auch höchst befremdend, wenn Lambert, der für jene Zeiten ein sehr ausführliches königliches Itinerar giebt, einen Umzug Heinrichs nach Bayern mit keinem Worte erwähnen würde.

Das auf den 5. Oktober nach Breitenbach angesetzte Aufgebot war mit den Corveier Beschlüssen zu nichte geworden. Am 20. Oktober trat nun die Versammlung zu Gerstungen zusammen, wo die sächsischen Fürsten ihre Klagen über den König vorbringen sollten. Derselbe verschmähte es, dieser Zusammenkunft persönlich beizuwohnen und zog es vor, in Würzburg, wohin er sich wohl um die Mitte des Oktober vom Rhein aus begeben hatte, das Resultat der Verhandlungen abzuwarten (Lambert). Auf den vielbestrittenen Inhalt derselben einzugehen, gehört nicht in den Rahmen dieser Untersuchung. Genug, man traf das Abkommen, die sächsischen Fürsten sollten sich Weihnachten zu Köln unterwerfen; Heinrich bestätigte den geschlossenen Vertrag zu Würzburg. Er blieb hier noch den ganzen Oktober (cf. die Urkunden vom 27. Oktober, St. 2768 und 2769), feierte an demselben Orte Allerheiligen am 1. November und brach dann gegen Bayern hin auf (Lambert). Als er in Nürnberg einige Tage Rast machte, trat Reginger vor die Herzöge Rudolf und Berthold, die den Hof begleiteten, mit der lügenhaften Aussage, Heinrich habe ihn zu ihrer Ermordung gedungen. Sofort verliessen die Herzöge das Hoflager, und immer mehr vereinsamt zog der König nach Regensburg (Lambert).

Unterdessen hatten die sächsischen Fürsten die Berufung eines Reichstags nach Mainz durchgesetzt, wo über die Anklage Regingers und die eventuelle Neuwahl eines Königs verhandelt werden sollte. Kaum hatte Heinrich zu Regensburg von diesen Dingen erfahren, als er schleunigst nach dem Rhein aufbrach, um durch sein persönliches Erscheinen den Mainzer Reichstag zu vereiteln. Etwa Anfang Dezember in Ladenburg am Neckar angekommen, wurde er von einer schweren Krankheit erfasst, die ihn für einige Zeit auf das Lager warf (Lambert). Dass er gerade am 1. Dezember nach Ladenburg kam, wie die Randbemerkung in den M. G., und ihr folgend Floto[1]) angiebt, geht, wie Giesebrecht[2]) bemerkt, aus dem Schriftsteller nicht hervor. Von seiner Krankheit genesen, eilte Heinrich weiter nach Worms, wo ein begeisterter Empfang durch die getreue Bürgerschaft seiner harrte. Der Mainzer Reichstag war vereitelt, nur wenige Fürsten hatten sich eingefunden. Der König erreichte eine Zusammenkunft mit denselben zu Oppenheim (Lambert). Nachdem hier auf die ersten Tage des Januar ein Zweikampf zwischen jenem Reginger und Udalrich von Godesheim als Gottesurteil festgesetzt worden war, kehrte Heinrich nach Worms zurück und feierte hier nach der gemeinsamen Angabe Lamberts und Bertholds das Weihnachtsfest. —

1073.

Der Zweikampf zwischen Reginger und Udalrich kam nicht zu Stande, da ersterer kurz vor dem angesetzten Termine im Wahnsinn endete. Heinrich blieb zu Beginn des Jahres 1074 in Worms und bereitete ein kriegerisches Unternehmen gegen die Sachsen vor, um den für den Februar anberaumten Tag zu Fritzlar zu verhindern. Noch am 18. Januar stellte er zu Worms eine Urkunde aus (St. 2770), in der er den treuen Bürgern Zollfreiheiten erteilte. Kurz darauf muss er die Stadt verlassen haben, um mit dem geringen Aufgebot, das er zusammengebracht hatte, gegen die Sachsen in das Feld zu ziehen. Am 27. Januar traf er, wie Lambert berichtet, in Kloster Hersfeld ein; noch an demselben Tage scheint er nach dem etwas über eine Meile nördlich davon gelegenen

1074.

---

[1]) a. a. O. I, p. 397.
[2]) Kaiserzeit III, p. 1128.

1074. Breitenbach, an der Fulda, vorgerückt zu sein, wo er zum mindesten den folgenden Tag noch blieb. Darauf deuten die am 27. und 28. Januar zu Breitenbach ausgestellten Urkunden (St. 2771 und 2772). Dann rückte Heinrich wohl in direkt östlicher Richtung langsam gegen die Werra vor. Wie Bruno (c. 31) erzählt, hatten die Sachsen ihr Lager bei Vach, an der Werra, aufgeschlagen; nicht weit davon soll der König gelagert haben, so dass sich die Heere gegenseitig erblicken konnten. Unterdessen gingen die Verhandlungen zwischen beiden Parteien ihren Gang. Der König sah sich gezwungen, nachzugeben und in die harten Bedingungen der sächsischen Fürsten einzuwilligen. Er hatte sein Lager nach Gerstungen, an der Werra, verlegt, und hier ward am 2. Februar der Friede abgeschlossen. Das Datum giebt Lambert, indes ohne Nennung des Ortes; dieser erhellt vielmehr aus einer späteren Stelle desselben Schriftstellers zum Jahre 1075, wo der Friede erwähnt wird: „quae anno priore in Gerstingun convenerat."

Nach Abschluss dieses Vertrags entliess Heinrich sein Heer und zog nach der übereinstimmenden Angabe Lamberts, Brunos (c. 31) und des Carmen[1]) nach Goslar, wo er bis in den folgenden Monat hinein blieb. Auf den 10. März hatte er hierhin, wie der Hersfelder Annalist berichtet, eine allgemeine Reichsversammlung angesagt, in der Hoffnung, auf derselben durch Mithülfe der oberdeutschen Fürsten die harten Friedensbedingungen mildern zu können. Indes durch das Nichterscheinen der letzteren sah er sich in seinem Vorhaben getäuscht. Dagegen wurde er in Goslar vom 10. bis zum 12. März von den aufrührerischen sächsischen Volksmassen so lange bestürmt, bis er denselben die ausbedungene Zerstörung seiner Burgen rückhaltlos gewährte (Lambert). Bald darauf verliess der König Sachsen, um nach den schweren Schlägen, die ihn getroffen hatten, in den Rheingegenden Ruhe und Er-

---

[1]) Carmen de bello Saxonico, ed. Waitz in den Abhandlungen der k. Gesellschaft der Wissenschaften zu Göttingen 1870, p. 64.

holung zu gewinnen. Er urkundete am 22. März in 1074. Fritzlar (St. 2774), dann in Rommelshausen, nördlich von Hanau, (St. 2775, undatiert) und traf wohl Ende März in Worms ein, wo er nach Lamberts Angabe bis in die Mitte des April hinein Aufenthalt nahm. Hier erreichte ihn die Nachricht von dem Vertragsbruch, dessen sich das sächsische Volk durch Zerstörung der Harzburg schuldig gemacht hatte.

Zwischen Fritzlar und Rommelshausen wird wohl Heinrichs Aufenthalt in Berstadt einzuschalten sein, der durch die undatierte Urkunde St. 2781 bezeugt wird. Stumpf allerdings setzt dieses Diplom, der Angabe desselben: ann. reg. 19 (5. Oktober 1074 — 5. Oktober 1075) folgend, in den Oktober 1074. Allein diese Angabe kann bei der Ungenauigkeit und Verwirrung, wie sie bei den Urkunden jener Zeit in diesen Dingen herrscht, nicht ausschlaggebend sein. Es ist nicht gut einzusehen, wie der König im Oktober, wo er sich nachgewiesenermassen von Worms nach Regensburg begab (s. u.), in die Gegenden nördlich vom Main gekommen sein sollte. Im März dagegen, wo der Hof von Sachsen an den mittleren Rhein zurückkehrte, ist der Aufenthalt in Berstadt sehr wohl mit dem Itinerare zu vereinigen.

Etwa Mitte April begab sich Heinrich nach Ostfranken und feierte das Osterfest am 20. April zu Bamberg (Lambert, Berthold). Von da ging er, wie dieselben Quellen berichten, nach Nürnberg und traf hier mit Kaiserin Agnes und den römischen Gesandten zusammen, die zur Ordnung der deutschen Wirren über die Alpen gesandt waren, indes keine bestimmten Aufträge des Papstes zum Einschreiten gegen die Sachsen mitbrachten. Nach Entlassung der Gesandten rüstete sich Heinrich zu einem Zuge nach Ungarn, um einem Hülfegesuch König Salomons gegen Geisa zu entsprechen[1]. Er ging zu diesem Zwecke von Nürnberg nach Regensburg (Lambert), wo er am 25. Mai urkundete (St. 2777).

---

[1] cf. Büdinger, a. a. O. p. 43 ff.

1074. Hier ereilte ihn das Gerücht von dem angeblich durch Anno von Köln veranlassten Einfall Wilhelms des Eroberers in das niederrheinische Deutschland. In Anbetracht der drohenden Gefahr gab Heinrich den Ungarnzug auf und eilte schleunigst an den Rhein. Auf dem Wege dahin kam er vielleicht über Augsburg, wenn der Inhalt der Urkunde St. 2778, die eine Schenkung für das Kloster SS. Udalrich und Afra zu Augsburg enthält, zu dem Schlusse auf einen Aufenthalt in jener Stadt berechtigt. Er feierte Pfingsten am 8. Juni in Mainz (Lambert) und blieb hier den ganzen Monat, wie aus den vom 12. und 29. Juni datierten Urkunden (St. 2778 und 2779, beide nicht zweifellos echt) wohl geschlossen werden kann. Anno hatte unterdessen Boten abgeschickt, um sich wegen des wider ihn erhobenen Verdachtes zu reinigen. Er erhielt die Erlaubnis, vor dem König erscheinen zu dürfen, und kam mit demselben wahrscheinlich in den ersten Tagen des Juli in Andernach, am Rhein, zusammen (Lambert). Er reinigte sich durch einen Eid von dem Verdacht des Landesverrats. Dann zog Heinrich rheinabwärts nach Köln, wo er über die Rebellen Gericht hielt; von da nach Aachen, um Vorkehrungen gegen einen eventuellen Angriff auf das Reich von Westen her zu treffen (Lambert). Mitte Juli war er von Lothringen nach Worms zurückgekehrt und empfing hier eine zweite ungarische Gesandtschaft, die dem deutschen Könige unbedingte Anerkennung der Lehensherrlichkeit versprach, wenn er die Herstellung Salomons in das Werk setze.

Heinrich ergriff mit Freuden die sich ihm darbietende Gelegenheit und warb sogleich ein Heer, mit dem er sich wohl im August gegen die ungarische Grenze hin in Bewegung setzte. Er zog mit Salomon die Donau entlang und drang, wie die Ann. Yburg. berichten, bis Waitzen in Ungarn vor [1]). Allein Hungersnot und Krankheit im

---

[1]) Diese Nachricht wird bestätigt durch die ungarischen Geschichtschreiber (Thwrocz II, 54, Chron. Bud. p. 157, Keza II, 4). cf. Büdinger, a. a. O. p. 46, Note 1.

Heere, sowie ein fingierter Aufstand des Kriegsvolks, 1074. zwangen den König hier zur Umkehr. Ohne einen wesentlichen Erfolg verzeichnen zu können, zog er nach Deutschland zurück und traf Anfang Oktober wieder in Worms ein (Lambert). Doch noch im Laufe des Herbstes begab er sich vom Rhein nach Bayern, wo er am 26. November zu Regensburg urkundete (St. 2782, cf. Lambert).

Den Rest des Jahres benutzte der König zu einem Umritt durch Bayern und Alemannien. Er zog, wie Berthold berichtet, über Augsburg nach Reichenau, von hier rheinabwärts und feierte das Weihnachtsfest, umgeben von einer grossen Reihe oberdeutscher Fürsten zu Strassburg (Lambert, Berthold, Bernold). Auf das angelegentlichste wurde hier bereits der im nächsten Jahre zu unternehmende Sachsenkrieg beraten. —

Anfang 1075 begab sich der König von Strassburg 1075. nach Mainz, wo der Russenfürst Demetrius mit ihm zusammentraf, ihm huldigte und sich Hülfe erbat gegen die angemasste Herrschaft seines Bruders (Lambert). Heinrich willfuhr seinem Gesuche durch Entsendung Burchards von Trier und wandte sich dann Ende Januar vom Rhein nach Bayern, wo er nach den Ann. Aug. Mariä Reinigung am 2. Februar in Augsburg feierte.

Wie lange der Aufenthalt des Hofes in Bayern währte, ist unbekannt. Zu Beginn des Frühjahrs war er jedenfalls an den Rhein zurückgekehrt und beging die Osterfeier am 5. April nach der gemeinsamen Angabe Lamberts, Bernolds und Brunos (c. 44) zu Worms. Der König verkündigte hier den Feldzug gegen die Sachsen und setzte als Termin die ersten Tage des Juni fest, in denen sich das Reichsheer in Breitenbach, an der Fulda, zu sammeln habe. Während die Rüstungen begannen, blieb Heinrich in Worms, wo er Pfingsten am 24. Mai feierte (Lambert) und am 28. Mai noch eine Urkunde (St. 2784) ausstellte. Kurz darauf brach er auf, um sich selbst zu dem Heere

1075. zu begeben. Am 8. Juni, dem festgesetzten Termine, traf er in Breitenbach, an der Fulda,[1]) ein, und noch an demselben Tage erfolgte der Aufbruch des Heeres von diesem Orte. Man gelangte bis Oberellen, westlich von Eisenach, wo die Nacht verbracht wurde (Lambert). Am folgenden Tage, dem 9. Juni, zog man in nordöstlicher Richtung gegen die Unstrut bis nach Behringen, einem Dorfe zwischen Eisenach und Langensalza, wo man noch am Vormittag eintraf (Lambert). Lambert erzählt, der König habe an diesem Tage ein „iter duorum pene dierum" zurückgelegt. Schon Giesebrecht[2]), desgleichen E. Meyer[3]) hat auf die Schwierigkeit der Erklärung dieser Stelle hingewiesen, indem der Umstand, dass noch am Nachmittage des 9. Juni die Schlacht stattfand, sich nicht leicht vereinigen lässt mit der Nachricht, das Heer habe am Vormittag desselben Tages einen Weg von zwei Tagemärschen zurückgelegt. Überdies erfordert der Weg von Oberellen bis Behringen durchaus keine zwei Tagemärsche. Giesebrechts Erklärungsversuche der citierten Worte sind nicht sehr wahrscheinlich. Man wird jene Angabe Lamberts wohl nicht in ihrem wörtlichen Sinne zu nehmen haben, sondern sie nur allgemein fassen dürfen zur Bezeichnung des bedeutenden Weges, den Heinrichs Heer noch vor der Schlacht an der Unstrut zurücklegte. Eine andere Erklärung scheint nach den uns zu Gebot stehenden Nachrichten kaum möglich.

Am Nachmittage des 9. Juni begann die Schlacht[4]), die sich in der Ebene zwischen Behringen und der Un-

---

[1]) cf. A. Wenzel, Heinrichs IV. Sachsenkrieg (Langensalza 1875), p. 37 ff.

cf. ferner K. Köstler, Ist das Bredingen Lamberts Breitenbach oder Breitungen? (Forschungen XXV, p. 562 ff.)

[2]) Kaiserzeit III, p. 1130.

[3]) a. a. O. p. 40.

[4]) Das Datum des 9. Juni für die Schlacht an der Unstrut bestätigen Bernold, die Ann. s. Disibodi (M. G. SS. XVII), Ann. Mellicenses (M. G. SS. IX), Ann. Yburg. u. a.

cf. darüber A. Wenzel, a. a. O. p. 39 ff.

strut, unweit Nägelstädt und Homburg, ausdehnte. Der 1075. Ausgang war bekanntlich für den König ein siegreicher. Am 10. Juni fand die Bestattung der Toten statt. Wohl bald darauf verliess Heinrich den Kampfplatz und zog mit seinem Heere plündernd und verwüstend durch Thüringen und Sachsen. Er kam nach Lamberts Angabe bis Halberstadt; von da wandte er sich westlich an den Harz und gelangte nach Goslar (cf. auch Bruno, c. 53). Nicht lange nachher verliess der König, durch Hungersnot gedrängt, die sächsischen Lande, entliess bei Eschwege sein Heer, indem er auf den 22. Oktober eine abermalige Expedition gegen die Sachsen ankündigte, und eilte schleunigst an den Rhein nach seinem getreuen Worms (Lambert). Ungefähr Mitte oder Ende Juli wird er daselbst angekommen sein; genauer den Zeitpunkt für die einzelnen Bewegungen festzustellen, ist nach Lamberts Bericht nicht möglich.

Im Herbst des Jahres 1075 unternahm Heinrich, begleitet von dem Grafen Hermann von Gleiberg und 500 Rittern, einen Zug nach Böhmen, anscheinend, um von dort nach Ungarn zu ziehen und hier bei den Unterhandlungen über Herstellung des Friedens zwischen Geisa und Salomon mitzuwirken. Von Böhmen aber brach er plötzlich mit Hülfe böhmischer Hülfstruppen in Sachsen in die Mark Meissen ein, um, wie Giesebrecht[1]) annimmt, diese Gegenden vor einem Angriff des Polenherzogs Boleslaw zu sichern. Er kam nach der Stadt Meissen, wo er friedlich aufgenommen wurde, und drang dann weiter in dem Lande vor. Da erfuhr er von dem Herannahen eines grösseren sächsischen Heeres, das die Absicht hatte, sich ihm zur Schlacht zu stellen. Der König mit seiner Macht war demselben in keiner Weise gewachsen und zog sich eiligst nach Böhmen zurück. Von da führte er sein Heer nach Regensburg und war am 9. Oktober wieder in Worms, wie die Urkunde St. 2785 beweist. Lambert, der diesen ganzen Zug überliefert,

---

[1]) Kaiserzeit III, p. 320.

1075. fügt bei der Ankunft Heinrichs in Regensburg die Bemerkung bei: „e vicino iam imminente die, quo in expeditionem exercitus adunandus erat". Da dieser Tag der 22. Oktober, der König aber am 9. Oktober schon urkundlich in Worms nachgewiesen ist, so kann daraus wohl geschlossen werden, dass der Zug nach Böhmen und der Mark Meissen in den September 1075 fällt.

Von Worms begab sich der König nach Gerstungen, wo er am 22. Oktober, dem angesetzten Termine, bei dem versammelten Reichsheere eintraf. Die Sachsen hatten unweit Nordhausen ihr Lager aufgeschlagen und versuchten sogleich, mit Heinrich Verhandlungen anzuknüpfen. Indes Niemand fand sich im königlichen Lager, der die schwierige Aufgabe des Zwischenträgers übernehmen wollte. Darüber verliefen, wie Lambert erzählt, die ersten drei Tage, während deren das Reichsheer in kleinen Absätzen allmälig gegen die Feinde vorrückte. Am 25. Oktober endlich ging eine Gesandtschaft von fünf Fürsten in das Lager der Sachsen. Am folgenden Tage überbrachten dieselben den Feinden den letzten Bescheid des Königs, der unbedingte Unterwerfung der Aufständischen verlangte. Nach langen Verhandlungen fügten sich die Sachsen in das Unvermeidliche, und am 27. Oktober fand auf dem Felde bei Spier, zwischen Greussen und Kindelbrücken, in Gegenwart des Königs der feierliche Akt der Übergabe statt[1]). Noch einige Tage verweilte Heinrich in Thüringen, stellte die Hasenburg bei Nordhausen wieder her und kehrte dann, nachdem er sein Heer entlassen hatte, als Sieger nach Worms zurück, wo er den Martinstag am 11. November feierte (Lambert). Ende des Monats begab er sich nach Bamberg und setzte daselbst, wie Lambert erzählt, am 30. November Rupert von Goslar zum Bischof ein. Diese Nachricht wird bestätigt durch das Chronicon

---

[1]) Dass diese Unterwerfung zu Spier am 27. Oktober und nicht, wie Giesebrecht (Kaiserzeit III, p. 324) angiebt, am 26. Oktober stattfand, schliesst Vogeler (a. a. O. p. 79) wohl mit Recht aus Lamberts Bericht.

Hugonis Verdunensis[1]) und ein Schreiben Gebhards von Salzburg an Hermann von Metz ²). Im Dezember ging der Hof von Franken nach Sachsen und feierte das Weihnachtsfest nach der übereinstimmenden Überlieferung Lamberts, Brunos (c. 57), Bertholds und Bernolds in Goslar, wo er den Rest des laufenden und den Anfang des nächsten Jahres verbrachte. —

Am 1. Januar 1076 trafen in Goslar die drei Gesandten des Papstes ein mit jenem Schreiben an Heinrich, das den Kampf zwischen ihm und Gregor zum unmittelbaren Ausbruch brachte. Der König, tief erbittert über den Inhalt desselben, kündigte nach Worms auf den 24. Januar eine Synode der deutschen Bischöfe an. An dem festgesetzten Tage erschien er selbst zu Worms (Lambert, Bernold). Hier erfolgte der verhängnisvolle Schritt, die feierliche Absetzung des Papstes durch die deutschen Bischöfe. Nach Schluss der Synode kehrte Heinrich nach Goslar zurück und begann in Sachsen mit erneuter Anstrengung den Burgenbau (Lambert).

Am 6. März verlieh er zu Goslar das durch Annos Tod erledigte Erzbistum Köln an den Domherrn Hidulf; unmittelbar darauf verliess er die Harzstadt und begab sich an den Niederrhein nach Köln, um hier den Widerstand gegen den neu gewählten Hidulf zu beseitigen und denselben durch Wilhelm von Utrecht weihen zu lassen (Lambert). Dann eilte der König nach Utrecht und feierte hier, wie Lambert, Bruno (c. 74) und Berthold berichten, am 27. März das Osterfest. Die unechte Urkunde St. 2788 (ebenso nachher St. 2789) kann diesen Angaben gegenüber nicht in Betracht kommen. In Utrecht traf Heinrich die Kunde von den Vorgängen der römischen Fastensynode und von dem Bannstrahl Gregors. Alsbald

---

[1]) M. G. SS. VIII, p. 431.
²) Gretser, Opera omnia VI.

1076. kündigte er auf den 15. Mai ein grosses Nationalkonzil nach Worms an, wo ein förmliches gerichtliches Verfahren gegen den Papst eingeleitet werden sollte. Er selbst blieb die folgende Zeit noch in Lothringen, urkundete am 21. April in Aachen (St. 2790) und ging dann Mitte Mai nach Worms (Lambert, Berthold, Ann. Yburg.), um der auf das Pfingstfest am 15. Mai angekündigten Reichsversammlung beizuwohnen. Allein dieselbe kam aus Mangel an Beteiligung nicht zu Stande, und Heinrich liess auf den 29. Juni einen neuen Tag nach Mainz ansetzen. Noch am 23. Mai ist seine Anwesenheit in Worms urkundlich nachgewiesen (St. 2792). Wann er nach Mainz übersiedelte, kann nicht bestimmt werden. Als er am 29. Juni daselbst das Zusammentreten des Reichstags erwartete, trafen die Fürsten wiederum nicht ein, und der Tag war abermals vereitelt.

Brunos Angabe (c. 83), Heinrich habe sich zur Zeit der Befreiung Burchards von Halberstadt — der Tag derselben ist nach Lambert der 24. Juni 1076 — an der Donau befunden, ist offenbar unrichtig oder beruht auf einer Verwechslung mit dem Aufenthalt des Königs an der Donau auf dem nachher zu erwähnenden Zuge nach Böhmen im Juli 1076. Denn es ist gar nicht abzusehen, wie oder zu welchem Zwecke Heinrich in der kurzen Zwischenzeit zwischen seinem Wormser und Mainzer Aufenthalt an die Donau gekommen sein sollte. Überdies leidet Brunos Bericht an der erwähnten Stelle noch an anderen Unrichtigkeiten, indem Burchard von Halberstadt nicht dem König Salomon, sondern dessen Gattin, Heinrichs Schwester, die nach Ungarn zurückkehrte, zur Obhut anvertraut wurde. Der von Bruno (c. 85) erwähnte Aufenthalt des Königs in Mainz ist offenbar identisch mit dem von Lambert zum 29. Juni überlieferten.

Unterdessen war in der sächsischen Ostmark ein offener Aufstand der Söhne des Markgrafen Gero ausgebrochen. Heinrich gab eine mit Otto von Nordheim geplante

Zusammenkunft zu Saalfeld auf und eilte sogleich mit einem Heere von Mainz nach Böhmen, um von da die Söhne Geros anzugreifen. Auf diesem Zug durch die Donaugegenden berührte er Regensburg und stellte hier am 27. Juli die Urkunde St. 2793 aus, deren fehlende Monatsangabe Stumpf wohl richtig durch Juli ergänzt hat. Von Böhmen fiel der König, unterstützt durch Herzog Wratislaw, in die Mark Meissen ein und drang verwüstend bis zur Mulde vor (Lambert). Ein grosses sächsisches Heer hatte sich unterdessen auf dem andern Ufer des stark angeschwollenen Flusses gesammelt. Der König war demselben in keiner Weise gewachsen und trat seinen Rückzug nach Böhmen an; dann kehrte er durch Bayern nach Worms zurück, wo er wohl Ende August wieder eingetroffen war (Lambert).

1076.

Über Heinrichs Aufenthaltsort im September bis zur Mitte des folgenden Monats ist nichts bekannt; wie anzunehmen, blieb er in Worms. Am 16. Oktober traten die deutschen Fürsten zu dem verhängnisvollen Reichstag von Tribur zusammen. Der König erwartete den Ausgang der Unterhandlungen in dem schräg gegenüberliegenden Oppenheim (Lambert, Berthold, Bernold); nach Bruno (c. 88) soll er sich während des Triburer Tages in Mainz aufgehalten haben; doch kann diese Angabe gegenüber den andern Quellen keinen Glauben beanspruchen[1]. Sieben Tage lang wurde vergeblich verhandelt; Gesandtschaften gingen herüber und hinüber; endlich kam es ganz unerwartet zu einer Einigung und die Fürsten setzten zu Oppenheim mit Heinrich die Bedingungen fest, unter denen von seiner sofortigen Absetzung Abstand genommen werden sollte. Es kann nicht meine Aufgabe sein, auf diese vielfach behandelten und bestrittenen Oppenheimer Beschlüsse des näheren einzugehen. Die Hauptsache war: der König versprach, sich einem Urteilsspruche des Papstes zu unterwerfen.

---

[1] Auch die Ann. Aug., Ann. Yburg. und Ekk. nennen Oppenheim.

1076. Nach dem Schluss der Verhandlungen, der nach Berthold ungefähr um den 1. November zu setzen wäre, begab sich Heinrich nach Speier (Lambert, Berthold), ohne dass sein Aufenthalt in dieser Stadt, wie Goldschmit[1]) wohl mit Recht annimmt, zu den in Oppenheim vereinbarten Bedingungen gehörte. Während er in Speier den ganzen November und den grössten Teil des Dezember verbrachte, reifte in der Brust des Königs der kühne Entschluss, durch seine Reise nach Italien dem Papst zuvorzukommen und die Pläne seiner Gegner mit einem Schlag zu vernichten. Wenige Tage vor Weihnachten, etwa um den 20. Dezember, brach er, von seiner Gattin, seinem kleinen Sohne und einem einzigen Diener begleitet, von Speier auf und nahm seinen Weg zunächst nach Hochburgund. Am 25. Dezember war er in Besançon, wo er nach Lambert und Berthold das Weihnachtsfest feierte und nach einer urkundlichen Notiz (St. 2795 b) auch noch den folgenden Tag verbrachte. —

1077. Dann setzte Heinrich seinen Weg weiter fort, überschritt nach Berthold bei Genf den Rhone und gelangte in das Gebiet seiner Schwiegermutter, der Markgräfin Adelheid von Susa. Er hatte, wie Lambert erzählt, eine Zusammenkunft mit derselben an einem Orte, „qui Cinis dicitur". Was darunter zu verstehen sei, ist zweifelhaft. Die Meisten denken an Mons Cenis, da Heinrich zweifelsohne, nachdem er den Rhone bei Genf passiert hatte, den Weg über den genannten Pass einschlug. Allein dabei bleibt die Schwierigkeit für die Erklärung, dass Markgräfin Adelheid mitten im strengsten Winter gerade jene unwirtlichen Alpengegenden zum Ort ihrer Zusammenkunft mit dem Schwiegersohn gewählt haben sollte. Die Hypothese Villemains[2]), der Vivis statt Cinis liest, darunter

---

[1]) R. Goldschmit, die Tage von Tribur und Kanossa (Mannheim 1873), p. 29.

[2]) Villemain, Histoire de Gregoire VII (Paris 1873) II, p. 102

Vevay am Genfer See versteht, demgemäss Heinrich den 1077. Rhone bei Martigny überschreiten und seinen Weg über den grossen Bernhard nehmen lässt, steht, wie Giesebrecht[1]) bemerkt, im Widerspruch mit dem Bericht Bertholds und ist deshalb zu verwerfen. Sehr ansprechend ist die Vermutung von Giesebrecht, dass bei Cinis vielleicht an Chênes, bei Genf, zu denken sei. Im übrigen hält dieser Forscher an der allgemeinen Annahme fest, derzufolge Heinrich den Weg über den Mons Cenis gewählt hat.

Als der königliche Pilger den Boden Italiens betrat, ward ihm überall eine glänzende Aufnahme zu Teil. Die Thore der Städte öffneten sich ihm bereitwillig, und von allen Seiten strömten die lombardischen Bischöfe herbei, um sich um den König zu scharen. Heinrich kam nach Turin (Berthold), von da nach Vercelli. Als der Papst von seiner Ankunft in der letzteren Stadt vernahm, begab er sich, wie Bonizo[2]) berichtet, eilends nach Kanossa, der festen Burg Mathildens, südöstlich von Reggio, um hinter den Mauern derselben gegen einen eventuellen Angriff seiner Feinde gesichert zu sein. Von Vercelli eilte Heinrich nach Pavia (Berthold), um sodann die Gegenden südlich vom Po zu betreten. Vielleicht von Reggio aus, wenn die Vermutung Flotos[3]) richtig ist, eröffnete er die Verhandlungen mit dem Papste. Er hatte mit Mathilde und Abt Hugo eine Zusammenkunft — wie Floto[4]) vermutet, in Quattro Castella —, in der er dieselben bat, den Papst zur Nachgiebigkeit zu stimmen. Darauf kehrte die Markgräfin mit dem Abt zu Gregor zurück.

Am 25. Januar erschien Heinrich vor Kanossa. Diesen Tag und die beiden folgenden harrte er im Büssergewande vor den Mauern der Feste, vergeblich Einlass in dieselbe begehrend (Lambert, Berthold). Am vierten Tage

---

[1]) Kaiserzeit III, p. 1138.
[2]) Bonizonis ad amicum liber, Jaffé, Bibl. II, p. 672.
[3]) a. a. O. II, p. 125.
[4]) a. a. O. II, p. 128.

1077. endlich, den 28. Januar, öffneten sich ihm die Thore. Es erfolgte seine Aussöhnung mit Gregor mit den Vereinbarungen, die in der Urkunde vom 28. Januar (St. 2796) niedergelegt sind. Wie aus Lamberts Darstellung hervorzugehen scheint, verliess der König noch an demselben Tage, dem 28. Januar, nachdem er mit dem Papst zusammen die Mahlzeit eingenommen hatte, die Burg Mathildens. Er wandte sich, wie Donizo[1]) (II, c. 1) berichtet, zunächst nach Reggio, von da nach Bianello, wo er nach der Angabe dieser Quelle am sechsten Tage, nachdem er Kanossa verlassen hatte, also unter der Voraussetzung, dass dies am 28. Januar geschah, am 3. Februar eintraf. Hier hatte er nochmals eine persönliche Zusammenkunft mit Gregor und Mathilde, und man beschloss, zu Mantua eine Versammlung abzuhalten, auf der Gregor persönlich zu erscheinen versprach. Schon hatte Heinrich den Po überschritten, um sich nach Mantua zu begeben, als er erfuhr, der Papst und Mathilde seien wiederum umgekehrt, der anberaumte Tag komme somit nicht zu Stande; er begab sich darauf nach Piacenza, wo er wohl um die Mitte des Februar eintraf. Diese Nachrichten sind der Erzählung des Donizo (II, c. 1) zu entnehmen. Wenn dessen Angabe, der König habe geplant, auf der Versammlung zu Mantua einen Anschlag auf die Freiheit des Papstes zu versuchen, Mathilde habe davon rechtzeitig erfahren und den Tag deshalb vereitelt, gewiss mit Sicherheit zu verwerfen ist, so wird doch mit Giesebrecht[2]) und Lipsius[3]) an der Annahme festzuhalten sein, dass damals eine Versammlung zu Mantua gehalten werden sollte. Zweck derselben wäre nach Giesebrechts Vermutung die Aussöhnung der lombardischen Bischöfe

---

[1]) Donizonis vita Mathildis, M. G. SS. XII, p. 348—409.
[2]) Kaiserzeit III. p. 1144.
[3]) in Niedners Zeitschrift für historische Theologie 1859. Unrichtig ist die Anmerkung Giesebrechts (Kaiserzeit III, p. 1144), Lipsius ziehe die Thatsache, dass man ein Konzil zu Mantua beabsichtigte, in Zweifel.

mit dem Papste gewesen. Wodurch Gregor allerdings 1077. bewogen wurde, den geplanten Tag durch sein Nichterscheinen zu vereiteln, ist nicht ersichtlich. Ebensowenig wird zu bestimmen sein, ob der König selbst bis nach Mantua gelangte, oder ob er schon vorher, als er von dem Nichtzustandekommen des Konzils erfuhr, nach Piacenza abbog.

Des Königs Aufenthalt zu Piacenza geht aus einer Stelle bei Bonizo[1]) hervor, derzufolge er hier besonders mit den lombardischen Bischöfen verkehrt haben soll. Der Aufenthalt wird zeitlich bestimmt durch eine Urkunde vom 17. Februar (St. 2797). Wie Berthold erzählt, soll Heinrich die Absicht gehegt haben, von Piacenza nach Mailand oder Pavia zu gehen, um sich die eiserne Krone der Lombarden auf das Haupt setzen zu lassen. Allein sein Gesuch beim Papst, die Krönung zu vollziehen, wurde von diesem abgeschlagen.

Vom 17. Februar bis zum 3. April, wo der Hof in Pavia nachgewiesen ist, fehlt jede sichere Nachricht über Heinrich. Nur eine korrumpierte Urkunde vom 4. März (St. 2798), die indessen für das Itinerar nicht unberücksichtigt gelassen werden darf, lässt auf einen Aufenthalt in Verona schliessen. In Anbetracht des Umstandes, dass im März Kanzler und Missi des Königs in Verona ein placitum hielten, hält Ficker[2]) auch einen Aufenthalt des letzteren in dieser Stadt für wahrscheinlich.

Sicher treffen wir den König erst am 3. April zu Pavia wieder, von welchem Tage eine Reihe von Urkunden erhalten ist (St. 2799, 2799a, 2800). Der Aufenthalt wird bestätigt durch Angaben des Berthold, Bonizo[3]) und Arnulf[4]) (V, c. 10). Hier in Pavia war es, wo nach der auf Berthold beruhenden Annahme von Giesebrecht[5])

---

[1]) Jaffé, Bibl. II, p. 672.
[2]) Italienische Forschungen I, p. 324.
[3]) Jaffé, Bibl. II, p. 673.
[4]) M. G. SS. VIII, p. 1—31.
[5]) Kaiserzeit III, p. 425.

1077. und Gregorovius[1]) der Römer Cencius als Hülfeflehender erschien, ohne indes die gewünschte Unterredung mit Heinrich zu erlangen. Bernold, nach dessen Aussage dies zu Padua geschehen sein soll, scheint zu irren. Zu Beginn des April traf in Pavia die Nachricht aus Deutschland ein von der am 15. März geschehenen Wahl Rudolfs von Schwaben zum Gegenkönig. Ohne Zögern brach Heinrich von Pavia auf, um möglichst bald den deutschen Boden wieder zu gewinnen. Es war am 9. April, dem Palmsonntage, nach Bertholds Angabe in Verona (cf. auch Arnulf und die undatierte Urkunde St. 2801), am 16. April zur Osterfeier in dem Gebiet von Aquileja (Berthold, Sigeb. Gemblac.). Dann eilte er unverzüglich durch Kärnthen über die Alpen und traf ungefähr um den 1. Mai in Regensburg ein (Berthold, Sigeb. Gemblac.).

Sogleich setzte er Alles in Bewegung zu einem Feldzuge gegen Rudolf und brach nicht lange nachher in die ostfränkischen Gegenden auf, um von hier nach Schwaben einzufallen; er durchzog dasselbe plündernd, indem er seinen Weg neckaraufwärts gegen die Donau nahm (Berthold). In Ulm versammelte er alsdann, wohl Ende Mai, einen grossen Reichstag, auf dem die Herzöge Rudolf, Berthold und Welf verurteilt und ihrer Lehen für verlustig erklärt wurden. Für diese Ereignisse, die wir vorzüglich aus Berthold erfahren, haben wir keine nähere Zeitbestimmung als die Angabe dieses Chronisten: „his postpaschalibus diebus". Sie sind darnach vermutlich in die Zeit vor Pfingsten (4. Juni) zu setzen.

Nach dem Ulmer Reichstag begab sich der König nach Bayern (Berthold), um gleich darauf nach Ostfranken zurückzukehren. Er hielt vom 11. bis 13. Juni einen Hoftag in Nürnberg (cf. die Urkunden vom 11. und 13. Juni, St. 2802—2804), wo über den Sachsenkrieg beraten wurde. Dann eilte Heinrich an den Rhein, ur-

---

[1]) Gregorovius, Geschichte der Stadt Rom im Mittelalter, 3. Aufl. (Stuttgart 1877), IV, p. 199.

kundete am 1. Juli in Mainz (St. 2805) und benutzte 1077. diese Zeit, um ein Heer von Bürgern und Kaufleuten zu werben. Als die Herzöge Welf und Berthold mit ihren Truppen gegen den Neckar heranrückten, erhob sich der König von Mainz und zog den Feinden auf eine Entfernung von zwei Meilen entgegen; in der Nacht aber brach er, offenbar in der Einsicht, dass er dem Gegner nicht gewachsen war, sein Lager auf und eilte über den Rhein zurück nach Worms (Berthold). Wie weit er mit seinem Heer vorgerückt war, lässt sich nicht bestimmen; Giesebrecht[1]) vermutet die Gegend von Lorsch. Auch eine nähere Zeitangabe ist unmöglich.

Gegen die Mitte des August hatte Heinrich seinen Aufenthalt Worms wieder mit Mainz vertauscht, wie die daselbst am 13. August ausgestellte Urkunde (St. 2806) bezeugt. Bald darauf überschritt er zum zweitenmale den Rhein und bezog am unteren Neckar, wie Giesebrecht[2]) annimmt, bei Ladenburg, eine feste Stellung; hier stiess der Feind auf das königliche Heer und schlug auf dem anderen Ufer des Flusses sein Lager auf (Berthold, Bruno, c. 95). Aber wiederum wurde ein kriegerischer Zusammenstoss vermieden; nachdem sich beide Parteien eine Zeit lang gegenüber gelegen waren, kam es durch Vermittlung der Fürsten zu einem Waffenstillstand. Rudolf zog mit seinen Scharen vom Neckar ab. Heinrich entliess sein städtisches Heer und rückte südlich, um durch Alemannien, das er durch furchtbare Verwüstungen heimsuchte, nach Bayern zu gelangen; zu Wiesloch, südlich von Heidelberg, liess er, wenn Bernolds Angabe Glauben verdient, eine Kirche mit hundert Menschen verbrennen[3]). Dann eilte er nach Bayern und konnte Mariä

---

[1]) Kaiserzeit III, p. 445.
[2]) Kaiserzeit III, p. 446.
[3]) Bernolds Chronologie ist hier eine verworrene; er erzählt das Ereignis von Wiesloch zu dem ersten Zuge des Königs, von dem er nach Worms zurückkehrte, während es natürlich nur beim zweiten Zuge, als Heinrich vom Neckar südlich zog, geschehen sein kann.

1077. Geburt am 8. September bereits in Augsburg feiern (Ann. Aug.). Von hier begab er sich nach Regensburg, wohin nach einer Stelle der Vita Gebehardi Salisburgensis[1]) (c. 3) Erzbischof Gebhard von Salzburg vor den König citiert worden war. Vergebens bemühte sich derselbe, diesen Kirchenfürsten von der Partei Rudolfs auf seine Seite herüberzuziehen.

Aber schon musste Heinrich Bayern wieder verlassen und durch Franken an den Rhein eilen, um den auf den 1. November angesagten Fürstentag zu verhindern (Berthold). Bereits am 30. Oktober stellte er für das Bistum Utrecht zu Worms eine Urkunde aus (St. 2807). Jener Fürstentag war vereitelt, Heinrich hatte seinen Zweck erreicht. Schleunigst kehrte er nach Bayern zurück, um im Winter nun seine Waffen gegen den aufrührerischen Grafen Ekbert zu richten. Das Glück stand ihm zur Seite; drei Burgen des Grafen am Inn und an der Traun wurden zerstört, Ekbert selbst flüchtete nach Ungarn (Berthold). Zu Weihnachten kehrte Heinrich nach Regensburg zurück. Aber kaum zwei Tage gönnte er sich nach Berthold hier Ruhe, dann wandte er sich abermals nach Ostbayern, um den Rest dessen, was der königlichen Macht noch Widerstand leistete, zu brechen[2]).

Mit dieser Angabe des Reichenauer Chronisten steht im Widerspruch die Datierung der Urkunde St. 2808, derzufolge Heinrich am 30. Dezember 1077 noch zu Regensburg gewesen wäre. Da dieses Diplom indessen nach den überzeugenden Ausführungen von Gundlach[3]), ebenso wie die zweite Ausfertigung dieses Stücks vom 30. März 1079 (St. 2814 a), als eine zu Osnabrück wahrscheinlich in den

---

[1]) M. G. SS. XI, p. 25—28.

[2]) Berthold a. 1078: Rex autem Heinricus Radisponae biduo tantum qualitercumque non multum festive vix commoratus, iterum ad obsidionem cuiusdam castelli, unde venit illuc, properante redibat.

[3]) Gundlach, Ein Diktator aus der Kanzlei Heinrichs IV. (Innsbruck 1884), Exkurs 2, p. 128 ff.

Jahren 1084—1088 entstandene Fälschung zu betrachten 1077. ist, kann die Autorität dieser Urkunde gegenüber den bestimmten Angaben Bertholds nicht in Betracht kommen. —

Den Rest des Jahres 1077 und die ersten Wochen **1078.** des Jahres 1078 verbrachte Heinrich, wie schon angedeutet, in Ostbayern, in kriegerische Unternehmungen verwickelt, zur Hebung der königlichen Macht. In diese Zeit, ungewiss, ob schon in dieses, oder noch in den Schluss des vergangenen Jahres, fällt auch der Aufenthalt des Königs in Passau, der in der Vita Altmanni episcopi Pataviensis[1] (c. 13) erwähnt wird. Er machte einen kriegerischen Einfall in das Bistum, um die Anhänger des Bischofs Altmann zu vertreiben. Zwei undatierte Urkunden aus dieser Zeit (St. 2810 und 2811) bestätigen diesen Aufenthalt in Passau.

Heinrich blieb nach Berthold in Ostbayern bis in die Mitte der Fastenzeit, dann kehrte er nach Regensburg zurück, wo er die ersten Nachrichten von der römischen Fastensynode empfing. Noch am 20. März urkundete er in Regensburg (St. 2812), dann machte er sich eilends durch Franken an den Rhein auf; er war am 25. März in Würzburg (St. 2813a), am 1. April, dem Palmsonntag, nach Berthold bereits in Mainz, am 8. April zur Osterfeier in Köln. Hier trafen seine Gesandten von der römischen Synode ein, begleitet von einem päpstlichen Legaten, der die Aufforderung Gregors überbrachte, einen Waffenstillstand herbeizuführen. Der König schien dazu geneigt, begab sich nach Mainz und that die einleitenden Schritte, um einen allgemeinen Konvent zu Stande zu bringen. Indes die Verhandlungen mit den Sachsen blieben erfolglos. Von Mainz unternahm Heinrich, wohl in der zweiten Hälfte des April, einen Zug gegen Metz, von dessen Bischof Hermann er Verrat und eine allge-

---

[1] M. G. SS. XII, p. 226—243.

1078. meine Erhebung Oberlothringens befürchtete. Nachdem er den Bischof vertrieben und sich der Stadt bemächtigt hatte, wandte er sich nach Strassburg, wo er das erledigte Bistum dem Kappelan Dietbold verlieh (Berthold). Dann zog er durch Alemannien nach Bayern und feierte in Regensburg am 27. Mai das Pfingstfest (Berthold).

Er blieb in den bayerischen Gegenden, wie anzunehmen ist, die beiden folgenden Monate; nähere Angaben über Heinrichs Aufenthalt versagen uns die Nachrichten der Chronisten für diese Zeit.

Erst Ende Juli brach der König mit einem Heere gegen die Maingegenden auf, um die geplante Vereinigung zwischen den Herzögen Berthold und Welf einerseits und dem sächsischen Heere unter Rudolf, das von Norden gegen Ostfranken heranrückte, andererseits zu verhindern. Bei Melrichstadt an der Streu stiess er mit Rudolf zusammen, und am 7. August kam es zur Schlacht (Berthold, Bernold, Bruno, c. 96—102, u. a.). Der Ausgang war ein zweifelhafter, die Verluste auf beiden Seiten ungeheure. Nach einer Aufzeichnung der Casus monasterii Petrishusensis[1]) (c. 34) soll Heinrich nach dem Abzug der Sachsen, unterstützt durch den Böhmenherzog, noch einmal auf das Schlachtfeld zurückgekehrt sein, um einen nochmaligen Angriff oder eine Verfolgung der Feinde zu versuchen. Indes kam es dazu nicht; nach Brunos Angabe (c. 100) hatte sich Heinrich nach Würzburg zurückgezogen. Derselbe Autor erzählt (c. 103), dass der König im Oktober dann nach Regensburg kam. Hier sammelte er ein neues Heer, mit dem er, zuerst in der Richtung nach dem Thüringer Wald, angeblich gegen die Sachsen zog, dann aber plötzlich um den 1. November, wie Bernold angibt, von Nordosten her in Schwaben einfiel (Berthold, Ann. Aug., cf. auch Bruno, c. 103). Sengend und brennend durchzog das königliche Heer die schwäbischen Gauen. Das Kastell Tübingen wurde be-

---
[1]) M. G. SS. XX, p. 621—683.

lagert; für dies letztere Ereignis haben wir einen zeitlichen Anhaltspunkt in dem dabei erfolgten Tode des Erzbischofs Udo von Trier am 13. November. Dieser Belagerung Tübingens durch Heinrich geschieht Erwähnung in den Gesta Treverorum¹) (Additamentum et continuatio prima, c. 9), Ekkehards Chronik (irrtümlich zu 1077) und den Annales Zwifaltenses²). Wie lange diese Schreckensherrschaft in den schwäbischen Gegenden währte, ist nicht bekannt. Wohl im Dezember wandte sich der König nach Franken und feierte das Weihnachtsfest am 25. Dezember zu Mainz (Berthold). —

1078.

Sehr bald nach Weihnachten, entweder noch im Jahre 1078 oder in den ersten Tagen des Jahres 1079, ging Heinrich von Mainz nach Trier, um den daselbst durch Udos Tod erledigten Bischofssitz neu zu besetzen. Drei Tage wurde über die Wahl beraten; am vierten Tage kehrte Egilbert nach Trier zurück, der mit königlichen Briefen an Wibert nach Italien gesandt worden war. Er wurde zum Nachfolger Udos ausersehen, und am 6. Januar erfolgte seine Investitur durch den König. So berichten die Gesta Treverorum (Addit. et cont. prima c. 11). Noch im Lauf des Januar kehrte Heinrich wahrscheinlich an den Rhein zurück.

1079.

Betreffs der vom 27. Januar datierten Urkunde mit dem Ausstellort Mainz (St. 2814) verweise ich auf die Schrift von Gundlach³), der dieses Diplom zum Gegenstand eingehender Erörterungen gemacht hat. Dasselbe ist nach Gundlachs Darlegungen eine echte Urkunde, deren Handlung, die Restauration des Zehnten für Bischof Benno von Osnabrück, bereits auf dem am 30. Oktober 1077 abgehaltenen Fürstentage zu Worms vollzogen wurde. Unmittelbar darauf wurde die Urkunde aufgesetzt, das Datum

---

¹) M. G. SS. VIII, p. 111—260.
²) M. G. SS. X, p. 51—64.
³) a. a. O. p. 128 ff.

1079. indessen noch weggelassen, und zwar, wie Gundlach vermutet, einem Befehl des Königs gemäss, die Ausfertigung des Diploms solle erst erfolgen, wenn Benno sich „durch eine hervorragende Leistung einer so wertvollen Belohnung würdig mache". Erst als der Bischof sich im königlichen Dienste zu seiner Sendung nach Italien rüstete, erfolgte die Ausstellung des Diploms; der Zeitpunkt derselben, der 27. Januar 1079, wurde der Urkunde als Datierung vermerkt. Dies das Resultat von Gundlachs Untersuchungen. Da die Ausfertigung des völlig legalen Diploms darnach auf königlichen Befehl geschah, darf aus demselben wohl mit Gewissheit ein Aufenthalt Heinrichs zu Mainz um den 27. Januar gefolgert werden.

Unter andern Städten scheint auch Speier den König in jener Zeit beherbergt zu haben, wie die daselbst ausgestellte Urkunde St. 2815 (ohne Tagesdatum) darthut. Heinrich blieb in den Rheingegenden nach Bertholds Angabe bis in die Mitte der Fastenzeit hinein. Dann begab er sich nach Bayern und feierte das Osterfest am 24. März in Regensburg (Berthold), wo er wahrscheinlich den Rest des Monats verbrachte. Dies kann, wie ich glaube, aus der Urkunde St. 2814a (30. März, Regensburg) vermutet werden. Dieselbe ist allerdings, wie bereits oben angedeutet, als eine zweite Ausfertigung des Diploms St. 2808, von Gundlach als eine zu Osnabrück ca. 1084—1088 entstandene Fälschung erwiesen. Doch ist dabei nicht ausgeschlossen, dass der Fälscher, wenn ihm nicht irgend eine echte Urkunde als Vorlage diente, über das königliche Itinerar des Jahres 1079 genauer unterrichtet war, als über das von 1077 (cf. oben, p. 80 ff.). Die Datierung vom 30. März, Regensburg, fügt sich wenigstens ganz passend dem nachgewiesenen Itinerare ein.

Im Lauf des April unternahm Heinrich einen kriegerischen Zug gegen Markgraf Liutpold von Österreich, der ihn nach Ostbayern und bis über die Grenzen Ungarns führte (Berthold, Ann. Aug.). Die letztere Nachricht wird nur von den Augsburger Annalen als einziger Quelle überliefert und von Büdinger¹) in Anbetracht dieses Umstandes für ein Missverständnis erklärt. Dagegen glaubt Giesebrecht²) im Hinblick auf die positive Art jener Angabe wohl mit Recht an ihrer Zuverlässigkeit festhalten zu können. Der Erfolg des Zuges gegen Liutpold war die Sprengung des Bündnisses zwischen ihm und Ungarn. Zur Pfingstfeier am 12. Mai war Heinrich nach Regensburg zurückgekehrt und empfing daselbst den Patriarchen von Aquileja und die päpstlichen Gesandten, die soeben über die Alpen gekommen waren (Berthold).

1079.

Wie aus der dürftigen Überlieferung der folgenden Zeit hervorzugehen scheint, blieb der König beinahe den ganzen Sommer über in Regensburg; am 23. Juli ist seine Anwesenheit daselbst durch die Urkunde St. 2816 verbürgt. Gegen die Mitte des August brach er auf, um sich nach Würzburg zu der auf die Zeit nach Mariä Himmelfahrt (15. August) anberaumten Zusammenkunft mit den sächsischen Fürsten zu begeben. Auf dem Wege dahin urkundete er am 16. August in Nürnberg (St. 2817) und traf wohl wenige Tage darauf in Würzburg ein (Berthold). Allein durch das Nichterscheinen der Sachsen wurden die bezweckten Friedensverhandlungen abermals vereitelt. Heinrich benutzte das stattliche Heer, das er versammelt hatte, um sogleich mit demselben aggressiv nach Sachsen vorzudringen (Berthold). Der Gegenkönig vermied einen Zusammenstoss und suchte einen friedlichen Ausgleich herbeizuführen. Diese Absicht gelang, und zu Fritzlar kam nach den Ann. Aug. ein Waffenstillstand zwischen Heinrich und Rudolf zu Stande. Jener kehrte im Oktober nach Bayern zurück; er nahm seinen Weg durch Ostfranken und berührte Hirscheid, zwischen Bamberg und Forchheim, wo er am 19. Oktober eine Urkunde ausstellte (St. 2818); am 24. Oktober war er wieder in Regensburg (St. 2819).

¹) a. a. O. p. 69, Note 3.
²) Kaiserzeit III, p. 1151.

1079. Über den Rest des Jahres ist uns nur weniges bekannt. Wie eine Nachricht des Ann. Saxo vermuten lässt, unternahm Heinrich, vielleicht im November, noch einen Streifzug durch die schwäbischen Gegenden. Im Dezember begab er sich an den Rhein und feierte Weihnachten nach Berthold zu Mainz. —

1080. Im Anfang des Jahres 1080 finden wir Heinrich zu Mainz, mit energischen Rüstungen zu einem neuen Sachsenkriege beschäftigt (Berthold, cf. St. 2820, vom 1. Januar; hierher wird auch St. 2825 gehören, cf. Stumpf II, p. 535). Etwa Mitte Januar brach er mit einem bedeutenden Heere auf und richtete seinen Weg durch Hessen nach Thüringen. Bei Flarchheim, südlich von Mühlhausen, unweit von dem Dorfe Dorla, stiess man auf den Feind. Der König umging den Bach, der beide Lager trennte, und griff das sächsische Heer im Rücken an. Es kam zur Schlacht von Flarchheim am 27. Januar, die für Heinrich einen unglücklichen Ausgang nahm (Berthold, Bernold, Bruno c. 117, u. a.). Er musste in eiligem Rückzug sein Heil suchen, während sein Heer durch einen Überfall der Sachsen bei der Wartburg noch eine weitere Schlappe erlitt. Der König entliess seine Truppen und eilte durch Ostfranken nach Regensburg (Berthold).

Über die Folgezeit sind wir mangelhaft unterrichtet. Gegen Ostern oder schon früher muss sich Heinrich von Bayern nach Niederlothringen begeben haben. Er feierte das Fest am 12. April zu Lüttich, nach den übereinstimmenden Angaben der Annales s. Jacobi Leodiensis [1] und des Ruperti Chronicon s. Laurentii Leodiensis [2] (c. 44). Giesebrecht [3], der die Vermutung ausspricht, der König habe das Osterfest in Bamberg mit den daselbst ver-

---

[1] M. G. SS. XVI, p. 632—683.
[2] M. G. SS. VIII, p. 261—279.
[3] Kaiserzeit III, p. 500.

sammelten Bischöfen verbracht, scheint jene beiden Angaben übersehen zu haben, die als unmittelbare Lokalnachrichten um so weniger in Zweifel zu ziehen sind.

1080.

Zur Pfingstfeier, am 31. Mai, ging Heinrich an den Mittelrhein nach Mainz. Hier war eine Synode von neunzehn Erzbischöfen und Bischöfen versammelt, die den am 7. März gegen den König erneuten Bann damit erwiderte, dass sie Gregor ohne weiteres absetzte und einen andern Papst an seiner Stelle zu erwählen beschloss. Diese Nachrichten sind überliefert bei Marian[1]) und Sigeb. Gemblac. (beide irrtümlich zu 1079) und in dem Decret der Brixener Synode[2]). Was zu Mainz beschlossen worden war, sollte ohne Zögern auf der auf den 25. Juni anberaumten Synode von Brixen zur praktischen Ausführung gelangen. Der König eilte direkt vom Rhein nach Brixen und wohnte an dem genannten Tage der Synode bei (Cod. Udalr. J. 64). Gregor wurde feierlich entsetzt, und an seiner Stelle Wibert von Ravenna auf den päpstlichen Stuhl erhoben. Am 26. Juni stellte Heinrich dem Erzbistum Ravenna eine Urkunde (St. 2822) aus, in der er dessen Privilegien bestätigte. Auch das Fest der Apostel, am 29. Juni, feierte er nach Bonizo[3]) noch zu Brixen; dann verliess er diesen Ort und eilte durch Bayern nach Ostfranken; am 22. Juli ist seine Anwesenheit in Nürnberg bezeugt (St. 2823). Von da begab er sich nach Mainz, wo er nach Bernolds Angabe einen Convent abhielt und Wiberts Wahl von den anwesenden Bischöfen bestätigen liess (cf. St. 2825).

Zugleich wurden neue Rüstungen zu einem Sachsenkriege in Angriff genommen. Ungefähr mit Beginn des Oktober brach Heinrich auf und führte sein Heer durch Hessen nach Thüringen. Er umging die Stellung der Feinde bei Cancul (wahrscheinlich dem heutigen Gross-

---

[1]) M. G. SS. V, p. 481—568.
[2]) Codex Udalrici, bei Jaffé, Bibl. V, 61—64.
[3]) Jaffé, Bibl. II, p. 677.

1080. Keula), zog nach **Erfurt**, das er plündern liess, von da gegen **Naumburg**, und als er dieses von den Sachsen besetzt fand, weiter östlich gegen die **Elster** (Bruno c. 121). Am 15. Oktober kam es zum Zusammenstoss mit Rudolfs Heer. Unsere Kenntnisse über die Schlacht an der Grune verdanken wir hauptsächlich dem Berichte Brunos (c. 121—124). Die örtlichen Verhältnisse wurden neuerdings durch Meyer von Knonau[1]) klargelegt. Darnach stand Heinrich **östlich von der Grune, zwischen dieser und der Elster**, vielleicht in der Gegend von Pegau; Rudolf rückte von Naumburg heran und stand zwischen der Rippach und der Grune, wohl östlich von Hohenmölsen. Der Zusammenstoss erfolgte nach Meyer von Knonau etwa bei den Dörfern Stein-Grimma und Queissau. Wie bekannt, errangen die Sachsen einen durchschlagenden Sieg, obgleich Rudolf selbst eine tötliche Wunde empfing. Der König nahm seinen Rückzug in die Rheingegenden; er war am 7. Dezember in **Speier** (St. 2826 und 2827) und rüstete, wie Bruno (c. 125) berichtet, abermals ein Heer, um gegen die **Sachsen** sein Glück zu versuchen. Als dieselben von seinem Herannahen Kunde erhielten, zogen sie ihm mit einem grossen kampfbereiten Heere entgegen, und Heinrich sah sich genötigt, seine Schaaren zu entlassen und unverrichteter Dinge umzukehren. Wie weit er auf diesem Zuge vordrang, ist nicht zu ermitteln. Das Weihnachtsfest feierte er vermutlich in einer der Rheinstädte. —

1081. In den ersten Monaten des Jahres 1081 war Heinrich mit den Vorbereitungen zu seinem Römerzuge beschäftigt. Noch nach Mitte März treffen wir den König in **Regensburg**, wo eine vom 18. März datierte Urkunde

---

[1]) Meyer von Knonau, die Schlacht an der Grune, in den Forschungen XXII, p. 217.

(St. 2828) seine Anwesenheit beweist¹). Unmittelbar darauf muss der Aufbruch erfolgt sein. Man nahm den Weg wahrscheinlich über Ulm, wo Wiprecht von Groitsch mit 300 böhmischen Rittern zu dem königlichen Heere sties. An dieser Stelle des Itinerars wird wohl die diesbezügliche Notiz der Annales Pegavienses²), wenn dieselbe überhaupt Glauben verdient, einzuschalten sein. Man gewann über den Brennerpass die venetianische Tiefebene und feierte bereits am 4. April das Osterfest zu Verona (Bernold).

1081.

Am 14. April war der König in Mailand (St. 2829 und 2830) und empfing hier wahrscheinlich die lombardische Krone. Dann zog er über Pavia, wo er einer, vermutlich in der zweiten Hälfte des April daselbst abgehaltenen, gegen die simonistischen Häretiker gerichteten Synode beiwohnte (cf. St. 2831), nach Ravenna, wie aus einem Briefe im Registrum Gregorii³) (VIII, 34) zu ersehen ist; er beabsichtigte darnach, etwa um Pfingsten (23. Mai) nach Rom zu kommen, dessen er sich, wie er glaubte, mit geringer Mühe bemächtigen werde. Allein er täuschte sich in dieser Hoffnung. Zwei Tage vor Pfingsten, am 21. Mai, erschien Heinrich nach Benzo, der hier aus eigener Anschauung berichtet, vor Rom und schlug auf den Neronischen Wiesen sein Lager auf; Bonizo und Ekkehard geben als Datum für dieses Ereignis den 22. Mai an; vielleicht wurde, wie Giesebrecht⁴) vermutet, an diesem Tage erst das Lager bezogen. Die Stadt war indessen von Gregor in Verteidigungszustand gesetzt worden, und

---

¹) Bresslau (Sybel und Sickel, Kaiserurkunden II, 25) erklärt diese Urkunde für die spätere Nachzeichnung eines Originaldiploms mit verfälschtem Text. Es könne nur „die erste und letzte Zeile des Diploms und die corroboratio als echt anerkannt und vielleicht auch die Namen der Intervenienten als aus der Vorlage stammend angesehen werden." Für das Itinerar ist das Diplom darnach unbedenklich zu verwerten.
²) M. G. SS. XVI, p. 232—257.
³) Jaffé, Bibl. II.
⁴) Kaiserzeit III, p. 1157.

1081. die Thore blieben den Deutschen verschlossen. Ohne Erfolg verharrte der König den Rest des Mai und den ganzen folgenden Monat vor den Mauern Roms. Zwei Urkunden vom 4. und 23. Juni (St. 2832 und 2833) bezeugen seine Anwesenheit vor der Stadt. Ende Juni oder Anfang Juli gab er die Belagerung auf und zog nach Oberitalien zurück. Er war am 10. Juli in Siena (St. 2835), wenige Tage darauf wahrscheinlich in Pisa (St. 2836, ohne Tagesdatum), am 19. und 20. Juli in Lucca (St. 2837—2839).

In der letzteren Stadt nahm Heinrich wahrscheinlich einen längeren Aufenthalt; die Herbstmonate verbrachte er in Tuscien, verschiedene Angriffe gegen die Städte und Burgen Mathildens versuchend. Doch fehlt uns über alles Nähere die Kunde. Erst im Dezember treffen wir den König in Parma wieder, wo er am 3. und 14. Dezember urkundete (St. 2840 und 2841). Um nach der letztgenannten Stadt von Lucca aus zu gelangen, hat Heinrich die Apenninen in den Pässen von Sarzana und Pontremoli überstiegen. Ob er sich Ende Dezember dann in die cispadanischen Gegenden zurückzog, wie Giesebrecht[1]) meint, und dort die erste Zeit des folgenden Jahres verbrachte, oder ob er südlich vom Po, vielleicht in Parma, bis zu seinem nächsten Angriffe gegen Rom verweilte, mag dahingestellt bleiben. Die Stelle Benzos[2]), betreffend den Übergang über den gefrorenen Po, möchte ich, entgegen der Ansicht von Floto[3]), Gfrörer[4]) und Giesebrecht[5]), wie weiter unten zu zeigen ist, auf einen anderen Zeitpunkt beziehen. —

1082. Wohl Ende Februar 1082 brach Heinrich von Oberitalien zu einem neuen Angriffe gegen die Weltstadt auf.

---

[1]) Kaiserzeit III, p. 540 und 1159.
[2]) Benzo I, c. 20.
[3]) a. a. O. II, p. 250.
[4]) a. a. O. VII, p. 823.
[5]) Kaiserzeit III, p. 540 und 1159.

Unsere Kenntnisse über diesen Zug und über die folgende 1082. Belagerung Roms sind äusserst dürftig und lückenhaft.

Benzo[1]) erzählt in einer Stelle seines Panegyrikus eine Episode aus diesem Marsch gegen Rom, die für unsere Kenntnis des Itinerars nicht ganz ohne Bedeutung ist. Darnach kam das königliche Heer — vermutlich im März — an die Nera, einen von Osten nach Westen fliessenden Nebenfluss des Tiber. Weder Brücke noch Furt war vorhanden, und es entstand ein zehntägiger Aufenthalt. Man machte den Vorschlag, bis nach Narni zu marschieren und dort den Fluss zu überschreiten. Schon begannen sich rebellische Stimmen in dem Heere zu regen. Da gelang es Bischof Benzo, zwei Kähne aufzubringen, mittelst deren er an das jenseitige Ufer gelangte; am nächsten Tage folgte der König mit anderen Fürsten nach. Dem übrigen Heer wurden durch Leute aus der Gegend zwei Furten zum Übergang gezeigt[2]). Der Ort des Übergangs über die Nera wird vermutlich wohl die Gegend von Terni sein.

Auf dem Weitermarsch gelangte Heinrich am 17. März in das Kloster Farfa, wo ihm eine ehrenvolle Aufnahme durch Abt und Mönche bereitet wurde.

Aus der Route Terni — Farfa ist rückwärts schreitend wiederum ein Schluss auf das vorhergehende Itinerar zu gewinnen. Wenn der König in der Gegend von Terni an die Nera gelangte, so hat er offenbar einen der östlichen Apenninenpässe überschritten. Unter diesem Gesichtspunkt sind die beiden undatierten Urkunden St. 2844 und 2843 zu betrachten, die erstere eine Schenkung für

---

[1]) Benzo VI, Praefatio.
[2]) Floto a. a. O. II, p. 247 erzählt diese ganze Begebenheit offenbar irrtümlich zum Jahre 1081, während sie nach Pertz' Vorgang mit Sicherheit in den März 1082 zu setzen ist. Floto irrt auch, wenn er unter dem bei Benzo erwähnten Flusse den Tiber versteht; Narni liegt nicht an dem Tiber, sondern an der Nera.

1082. die Kanoniker des Domstiftes S. Felician zu Foligno, die andere für das Kloster S. Johann in Borgo San Sepolcro enthaltend. Diese Diplome machen es wahrscheinlich, dass Heinrich jene beiden Orte berührt hat; dieselben entsprechen durchaus der Richtung, wie das gegebene Itinerar sie anzudeuten scheint und bestätigen das eben gewonnene Resultat, dass einer der östlichen Apenninenpässe benützt wurde. Heinrich war mutmasslich von den Pogegenden nach Rimini gezogen und hatte von hier seinen Marsch direkt südlich gegen das Gebirge gerichtet. Wir erhalten somit aller Wahrscheinlichkeit nach als Itinerar für den Zug gegen Rom: Rimini — Borgo San Sepolcro — Foligno — Terni — Farfa.

Von Farfa führte der König sein Heer nach der Burg Fara und bemächtigte sich derselben mit geringer Mühe. Dann zog er gegen Rom, wo er etwa um den 20. März eintraf und die Belagerung der Stadt begann. Diese letzteren Nachrichten erhellen aus Gregors von Catina Chronicon Farfense[1]) (c. 8).

Das Itinerar, wie ich es in Obigem zu geben versucht habe, steht im Widerspruch mit der Darstellung Giesebrechts[2]). Nach der letzteren wäre der König schon im Anfange der Fastenzeit 1082, also etwa Anfang März, vor Rom erschienen. Während sein Heer die ganze Fastenzeit hindurch vor der Stadt lag, hätte er selbst mehrere Züge durch die Campagna und Sabina unternommen und dabei am 17. März die Abtei Farfa berührt.

Diese Darstellung stützt sich auf eine Angabe Bonizos[3]), der König habe während der ganzen Fastenzeit Rom belagert. Allein diese Angabe des Italieners ist entweder wohl kaum ganz wörtlich zu nehmen oder sie beruht auf einem Irrtum. Jener Besuch des Königs in

---

[1]) M. G. SS. XI, p. 548—585.
[2]) Kaiserzeit III, p. 542 ff.
[3]) Jaffé, Bibl. II, p. 678: Et [rex] depopulans urbes et castra evertens, ad ultimum per omne quadragesimale tempus Romam obsedit.

Farfa kann, wie mir scheint, nur auf seinem Durchmarsch 1082. von Oberitalien nach Rom stattgefunden haben. Denn wenn Heinrich, wie Benzo berichtet, die Nera überschritten hatte, musste er auf seinem Weitermarsch gegen Rom notwendig die Abtei Farfa berühren; er that dies auch sicherlich bei der Gesinnung, die ihm jenes Kloster entgegenbrachte. Da das Chronicon Farfense aber nur jenen einzigen Besuch des Königs vom 17. März erwähnt, so wird dies, aller Wahrscheinlichkeit nach, der Besuch gewesen sein, den Heinrich dem Kloster bei seinem Durchmarsch gegen Rom abstattete. Überdies deutet der ganze Wortlaut der betreffenden Stelle im Chron. Farf.[1]), die Erwähnung des Heeres u. a. darauf hin, dass der König am 17. März nicht auf einem seiner Streifzüge Farfa berührte, sondern dass er sich auf seinem Durchmarsch gegen Rom befand.

Etwa im letzten Drittel des März wurde dann wohl die Belagerung der Stadt begonnen.

Das Osterfest am 24. April feierte Heinrich in Albano, südlich von Rom, und hatte hier eine Zusammenkunft mit dem Abt Desiderius von Monte Cassino. Schon im März bei seinem Aufenthalt im Kloster Farfa hatte er von hier aus Briefe an den Abt gerichtet, in denen er ihn aufforderte, an seinen Hof zu kommen. Allein beharrlich hatte sich Desiderius geweigert, dem Verlangen des Königs zu willfahren. Erst auf weitere Drohbriefe desselben, die ihn gemahnten, zum Osterfest in Albano sich bei ihm einzufinden, machte der Abt sich von seinem Kloster dahin auf und hatte eine längere Zusammenkunft mit dem König.

[1] c. 8: . . . . . mensis Martii die XVII, prima videlicet ebdomata quadragesimae, tertia hora diei, domnus Heinricus quartus, gloriosissimus rex, Deoque coronatus piissimus Augustus imperator tertius, ad hoc Farfense devotissime veniens coenobium etc. etc. . . . . . statim direxit exercitum suum contra praedictae Pharae castrum. A quo eiecto expulsoque Rustico, Crescentii quondam filio, qui eum iniuste possidebat, ipso die restituit huius monasterii regimini et potestati ad proprietatem perpetui iuris. Guo facto Romam perrexit etc. etc.

1082. Zur Begründung meiner Ansicht, dass die erzählten Vorgänge in das Jahr 1082 zu setzen sind, ist es nötig, den Bericht der Quelle aus des Petrus Diaconus Chronicon monasterii Casinensis[1]) etwas näher in das Auge zu fassen. Petrus erzählt im dritten Buche seiner Chronik c. 49 den ersten Zug Heinrichs gegen Rom im Jahre 1081. In dem folgenden Kapitel (50), das mit den Worten beginnt „Heinricus sequenti anno", würde man demnach den Bericht über die Vorgänge des Jahres 1082 erwarten. Aber nicht diese, sondern des Königs drittes Unternehmen gegen Rom im Jahre 1083, die Einnahme der Leostadt und die Inthronisation Wiberts im Juni 1083 werden erzählt. Dann folgt ohne jede weitere Zeitbestimmung der Bericht über die oben angeführten Ereignisse, des Königs Aufforderung an Desiderius, sich Ostern in Albano bei ihm einzufinden, und des Abtes Besuch bei Hofe. Das Kapitel 53 beginnt Petrus dann mit den Worten: „Alio praeterea anno Heinricus", und es wird Heinrichs viertes Unternehmen gegen Rom im Jahre 1084 und die Einnahme der Stadt erzählt.

In Folge dieses chronologisch unklaren Berichtes gehen die Ansichten der verschiedenen Forscher über den Zeitpunkt jener Zusammenkunft Heinrichs mit Desiderius sehr aus einander. Stenzel[2]) und im Anschluss an ihn Hirsch[3]) setzen dieselbe in das Jahr 1082, Floto[4]), Gfrörer[5]) u. a. 1083, Giesebrecht[6]) endlich 1084.

Die Gründe, die Hirsch für seine Ansicht anführt, sind die folgenden:

---

[1]) M. G. SS. VII, p. 727—848.
[2]) a. a. O. I, p. 538. II, p. 280.
[3]) F. Hirsch, Desiderius von Monte Cassino als Papst Victor III., in den Forschungen VII, p. 81, 82 (Note 1 und 2).
[4]) a. a. O. II, p. 262 ff.
[5]) a. a. O. VII, p. 851.
[6]) Kaiserzeit III, p. 556 und 1162.

1) Das „sequenti anno" zu Beginn des c. 50 deutet 1082. darauf, dass Alles, was im Folgenden erzählt wird, in das Jahr 1082 zu setzen ist.

2) zeugt für dieses Jahr die Hinweisung auf Heinrichs Aufenthalt in Farfa.

Der erste Grund ist allerdings nicht stichhaltig. Giesebrecht entgegnet mit Recht, dass das „sequenti anno" sich nicht auf alle in c 50 erzählten Ereignisse beziehen könne, da Petrus ausdrücklich die in Rede stehenden Thatsachen in die Osterzeit setze, welche der Einnahme der Leostadt (im Juni 1083) folgte; es sei demnach Ostern 1084 als Zeitpunkt für die Zusammenkunft anzusetzen. Allein auch diese Kombination scheint mir unrichtig zu sein. Denn fiele die in c. 50 erzählte Zusammenkunft wirklich 1084, so wäre wiederum das „Alio praeterea anno" zu Beginn von c. 53, wo das Unternehmen Heinrichs von 1084 berichtet wird, widersinnig, bezw. es müsste unter jenem Ausdrucke das Jahr 1085 verstanden werden, wo der König ja schon längst nach Deutschland zurückgekehrt war. Wie ich glaube, ist es überhaupt verfehlt, sich auf die Chronologie Peters stützen zu wollen. Denn dieselbe ist, wie aus Obigem hervorgeht, eine ganz verworrene und für die zeitliche Bestimmung dieser Dinge wenig massgebend.

Auf den zweiten Beweisgrund von Hirsch erwidert Giesebrecht, dass sich auch vor Ostern 1084 ein Aufenthalt Heinrichs zu Farfa wahrscheinlich machen lasse. Dies ist an sich wohl möglich; allein nachgewiesen ist ein solcher jedenfalls nicht, während wir zum Jahre 1082 den ausdrücklichen Nachweis von des Königs Aufenthalt in Farfa besitzen.

Doch ist dieser Grund kein zwingender. Was mich dagegen mit Entschiedenheit bestimmt, der Annahme von Hirsch beizupflichten und mich gegen das Jahr 1084, ebenso wie gegen 1083, zu entscheiden, ist der folgende Umstand, der in den bisherigen Darstellungen, wie mir scheint, übersehen worden ist. Aus Peters Bericht geht,

1082. wie auch Giesebrecht annimmt, wohl mit Sicherheit hervor, dass jene Zusammenkunft zu Albano auf Ostern fiel. Nun ist aber nachgewiesen, dass Heinrich das Osterfest von 1083 (9. April) in Santa Rufina, das von 1084 (31. März) in Rom feierte, wo an diesem Tage seine Kaiserkrönung in St. Peter stattfand (s. unten). Es ist klar, dass darnach nur das Jahr 1082 übrig bleibt, in dem der König das Osterfest (24. April) zu Albano gefeiert haben kann. In diese Zeit setzt denn auch Stumpf die undatierte Urkunde aus Albano St. 2842. Um die Annahme, dass die Zusammenkunft in Albano auf Ostern 1082 fiel, aufrecht zu erhalten, muss man allerdings mit Hirsch die Angabe Peters über das Zusammentreffen des Otto von Ostia mit Desiderius am königlichen Hofe als irrtümlich verwerfen; denn Otto von Ostia geriet erst im November 1083 in die Gefangenschaft Heinrichs. Doch ist ein derartiger Irrtum Peters seiner Art nach durchaus nicht so ausserhalb des Bereichs der Möglichkeit, wie Giesebrecht dies anzunehmen scheint.

Bald nach Ostern, gegen Ende April, verliess Heinrich die Umgegend Roms, um sich nach Oberitalien zu wenden, während der grösste Teil seines Heeres bei der Stadt zurückblieb. Er nahm seinen Weg über Tivoli, wo er sich nach Bonizo[1]) von Wibert trennte und denselben zurückliess. Den Sommer verbrachte Heinrich in der Lombardei. Am 28. Juli ist seine Anwesenheit in Pavia urkundlich nachgewiesen (St. 2845)[2]). Dann verlieren wir seine Spur bis in den November. Er war in dieser Zeit vermutlich mit deutschen Angelegenheiten beschäftigt und traf Vorkehrungen gegen einen eventuellen Einfall des Gegenkönigs nach Italien. Am 6. November treffen wir den König in Palosco, am Oglio,

---

[1]) Jaffé, Bibl. II, p. 678.
[2]) cf. den Abdruck dieser nicht ganz unverdächtigen Urkunde bei Stumpf, Reichskanzler III, p. 450 und das daselbst verbesserte Datum.

südöstlich von Bergamo (St. 2846), am 15. November in 1082. Verona (St. 2847).

Im Dezember brach Heinrich von jenen cispadanischen Gegenden auf, um wieder zur Belagerung Roms zurückzukehren. So berichtet Landulf[1]) (III, c. 32), und seine Angabe wird, wenn auch weniger bestimmt, bestätigt durch Bonizo[2]), der erzählt, der König habe sich noch im Winter gegen Rom gewandt. An derselben Stelle berichtet Landulf von einem Übergange Heinrichs über den fest gefrorenen Po. Damit möchte ich nun die Stelle bei Benzo I, c. 20 in Verbindung bringen, wo ebenfalls von einem Übergange des Königs über die Eisdecke jenes Flusses, jedoch ohne irgend welche Zeitbestimmung, die Rede ist. Giesebrecht setzt diesen Poübergang in den Winter 1081/82 und bemerkt dazu[3]), Landulf verwirre den zweiten und dritten Zug Heinrichs gegen Rom. Diese Ansicht scheint mir irrig zu sein. Es ist richtig: Landulfs Chronologie ist eine verworrene; denn er erzählt schon vor der hier in Betracht kommenden Stelle von der Weihe Wiberts, die bekanntlich erst im März 1084 erfolgte.

Allein betrachten wir die betreffende Stelle für sich: Landulf berichtet in demselben Satze von Heinrichs Übergang über den festgefrorenen Po und seinem Erscheinen vor Rom im Dezember; dann erzählt er von einer siebenmonatlichen Belagerung der Stadt und ihrer Einnahme im Juni. Es ist kein Zweifel, dass hier von dem dritten Römerzuge von 1083 die Rede ist, ohne dass, wie ich glaube, eine Verwirrung mit dem zweiten Zuge von 1082 vorliegt. Jener Poübergang wird also von Landulf in unmittelbarem Zusammenhang erzählt mit dem dritten Römerzuge des Winters 1082/83, und ich sehe keinen Grund, diese Angabe in Frage zu ziehen.

---

[1]) M. G. SS. VIII, p. 32—100.
[2]) Jaffé, Bibl. II, p. 678.
[3]) Kaiserzeit III. p. 1159.

1082. Ebensowenig wird, wie Giesebrecht es thut, daran zu zweifeln sein, dass der König schon im Dezember 1082 wieder vor Rom rückte. Dagegen spricht die ganz bestimmte Angabe Landulfs, die Belagerung Roms habe sieben Monate gedauert (die Einnahme erfolgte im Juni 1083). Ich nehme demnach an, dass der König im Dezember 1082 von der Gegend von Verona über den festgefrorenen Po ging und noch in demselben Monate vor Rom eintraf. —

1083. Während Heinrichs Heer in den ersten Monaten des Jahres 1083 fest vor der Leostadt lag, unternahm er selbst von dort aus häufige Streifzüge in die Campagna und Sabina. So feierte er das Osterfest am 9. April nach Ekkehard in Santa Rufina, ca. zwei Meilen nordwestlich von Rom. Dass er aber erst von da gegen die Stadt zog und erst jetzt sein Lager auf den Neronischen Wiesen aufschlug, wie Ekkehard an derselben Stelle berichtet, ist offenbar eine irrtümliche Angabe dieses Chronisten. Am 24. Mai war der König in Pusterulo, am Petroso, südlich von Rom, wie eine unter diesem Datum daselbst ausgestellte Urkunde (St. 2848) zeigt. Dann kehrte er zur Belagerung zurück.

Am 3. Juni, dem Sonnabend in der Pfingstwoche, erfolgte die Einnahme der Leostadt durch die Deutschen; die Engelsburg, sowie die ganze Stadt auf dem linken Tiberufer blieben noch in Gregors Händen. Das Datum des 3. Juni wird überliefert von Bernold und den Annales Beneventani[1]; die widersprechende Angabe Ekkehards, der die Einnahme auf den 2. Juni setzt, kann gegenüber den beiden andern Quellen, wie allgemein angenommen wird, nicht in die Wagschale fallen. Der König blieb in Rom bis in den Anfang des nächsten Monats herein. Verschiedene Urkunden vom 10., 15. und 22. Juni (St. 2849 bis 2851) bezeugen seine Anwesenheit in St. Peter. Am

---

[1] M. G. SS. III, p. 173—185.

28. Juni, dem Tage vor dem Feste der Apostel, liess er 1083. nach den Ann. Aug. Wibert in der Peterskirche feierlich inthronisieren. Dann traf er Vorkehrungen zu seinem Abzuge. Auf einer Burg, die bei St. Peter aufgeführt worden war, wurden 400 deutsche Ritter unter dem Befehl Udalrichs von Godesheim zurückgelassen; der grösste Teil des Heeres wurde aufgelöst.

In den ersten Tagen des Juli muss der Abzug des Königs von Rom erfolgt sein; denn schon am 3. und 4. Juli urkundete er zu Sutri (St. Acta imp. ined. Nr. 319 und St. 2852). Dann zog Heinrich nach Ekkehard in das Gebirge, von da, wie Bernold angiebt, in die Lombardei: es wird anzunehmen sein, dass er in verschiedenen oberitalischen Städten den Sommer verbrachte.

Vor seinem Abzuge aus der Leostadt hatte der König mit dem römischen Adel ein heimliches Abkommen getroffen, in dem er versprach, vor dem 1. November nichts Feindseliges gegen Rom zu unternehmen, wogegen der Adel seine Kaiserkrönung bei Gregor auf jede Weise durchzusetzen sich verpflichtete. Auf den 20. November kündigte der Papst eine grosse Lateransynode nach Rom an. Auch Heinrich machte sich nach Bernold auf den Weg, um die angesagte Versammlung zu besuchen. Als ihm indessen die wahren feindseligen Absichten Gregors zu Ohren gekommen waren, beschloss er, den Zuzug seiner Gegner zu dem Konzile möglichst zu verhindern und liess um den 11. November auf dem Wege bei Forum Cassii (das heutige Santa Maria Fercossi, südlich von Viterbo) die Gesandten des Gegenkönigs Hermann, die zur Synode zogen, gefangen nehmen [1]). So berichtet Bernold. In wieweit diese Nachricht für das Itinerar zu verwenden, bezw. ob persönliche Anwesenheit des Königs in Santa Maria Fercossi um den 11. November anzunehmen ist, wird schwer zu entscheiden sein.

In der zweiten Hälfte des November erschien Heinrich wieder vor Rom und zog ungehindert in die Leo-

---

[1]) cf. Giesebrecht. Kaiserzeit III, p. 552 ff.

1083. stadt ein, während die andern Teile der Stadt wie früher dem Ansturm der Deutschen trotzten (Ann. Benevent.). Das Weihnachtsfest wurde nach Ekkehard in St. Peter gefeiert. —

1084. Zu Beginn des Februar 1084 unternahm der König von Rom aus, ein Versprechen erfüllend, das er dem griechischen Kaiser gegeben hatte, einen Zug nach Campanien, der ihn siegreich bis über die Grenzen Apuliens geführt haben soll (Ekkehard). Doch schon im März kehrte er über Rieti, wo seine Anwesenheit durch eine Urkunde ohne Tagesdatum (St. 2853) bezeugt ist, in die Umgegend Roms zurück. Hier hatte sich unterdessen die allgemeine Stimmung längst dem deutschen König zugewandt. Endlich am 21. März wurde das Thor St. Johann geöffnet, und Heinrich hielt mit Wibert seinen Einzug in die eroberte Stadt. Mehrere feste Burgen allerdings auf dem linken Tiberufer, vor allem die Engelsburg, blieben dauernd in den Händen Gregors und seiner Anhänger. Das Datum von Heinrichs Einzug in Rom erhellt aus Bernold, den Annales Cavenses[1]) und einem Schreiben des Königs an Bischof Dietrich von Verdun[2]). Ekkehard giebt irrtümlich den 22. März an; doch ist schon vom 21. März eine Urkunde aus Rom datiert (St. 2854). Am Ostersonntag, dem 31. März, erfolgte die feierliche Kaiserkrönung Heinrichs IV. in St. Peter (Heinrichs Schreiben an Bischof Dietrich). In der folgenden Woche richteten sich die Angriffe der Deutschen gegen die Engelsburg; aber alle Versuche scheiterten an der hartnäckigen Verteidigung Gregors. Doch gelang es, im Laufe des nächsten Monats sich des Kapitols zu bemächtigen; am 29. April hielt der Kaiser auf demselben Gerichtssitzung (St. 2855). Sein Aufenthalt in Rom erstreckte sich bis tief in den folgen-

---

[1]) M. G. SS. III, p. 185—197.
[2]) Gesta Treverorum, M. G. SS. VIII, Additamentum et continuatio prima, c. 12.

den Monat hinein. Da traf die Kunde ein von dem Heran- 1084.
nahen Robert Guiskards. Heinrich mochte es auf einen
Kampf mit dem gewaltigen Normannenheere auf keinen
Fall ankommen lassen und beschloss, Rom vor dessen Ankunft zu räumen. Am 21. Mai, wie die Ann. Cav. angeben, verliess er mit Papst Wibert die Weltstadt, genau
zwei Monate, nachdem er als Sieger in dieselbe eingezogen
war. Das Datum wird bestätigt durch die Annales Casinenses [1]).

Wie das Chron. mon. Casin. (III, c. 53) berichtet, kam
der Kaiser nach seinem Abzug von Rom nach Civita
Castellana, östlich von Sutri. Wenn diese Angabe
richtig ist, wird Heinrichs Anwesenheit in der genannten
Stadt wohl auf den 22. Mai zu setzen sein, da er am
23. Mai bereits in Sutri urkundete (St. 2857). Es ist
allerdings schwer abzusehen, zu welchem Zweck er diesen
Umweg über Civita Castellana gemacht hat, zumal durch
das Heranziehen der Normannen Eile geboten war. Die
Richtung des Marsches von Rom nach Civita Castellana
weist auf die Absicht hin, den Tiber aufwärts zu ziehen;
aus unbekannten Gründen gab Heinrich diesen Plan offenbar auf, um den kürzesten Weg unweit der Meeresküste
einzuschlagen.

Am 23. Mai war Heinrich, wie gezeigt, in Sutri,
am 24. Mai in Borgo s. Valentano, unweit des Sees
von Bolsena, nördlich von Viterbo (St. 2858, Chron. Farf.
c. 8), wo Bischof Rainer von Vercelli auf seinen Befehl
den Abt Berard von Farfa mit der Kirche an dem genannten Orte investierte.

Etwa um den 28. Mai kam der Kaiser nach Siena;
genauer lässt sich das Datum nach der unbestimmten
Ausdrucksweise Bonizos[2]) nicht fixieren. Am 5. Juni ist

[1]) M. G. SS. XIX, p. 303—320.
[2]) Jaffé, Bibl. II, p. 680: Antequam [Heinricus] ad Sienam
venisset, fortissimus dux Robertus Romam aggressus, non per
triennium ut Heinricus, sed sequenti die, qua venit, perfidam
civitatem armis cepit.
Robert Guiskard erschien am 27. Mai vor den Mauern Roms.

1084. seine Anwesenheit in Pisa (St. 2858 a), am 17. und 18. Juni in Verona (St. 2860—2862) nachgewiesen.

Aus des Kaisers Rückzug von Rom nach Oberitalien, der ohne Zweifel nicht durch längeren Aufenthalt in den einzelnen Städten unterbrochen war, ist ein annähernd richtiger Massstab zu gewinnen für die Schnelligkeit derartiger Reisebewegungen. Heinrich legte die Strecke von Rom bis Pisa, in der Luftlinie ca. 108 deutsche Meilen, in 15 Tagen zurück; er machte also am Tage etwas über 7 Meilen. Ungefähr dieselbe Geschwindigkeit zeigt die folgende Bewegung von Pisa nach Verona. Der Kaiser brauchte zu dieser Strecke, in der Luftlinie ca. 75 Meilen, 11 Tage, legte also täglich etwas weniger als 7 Meilen zurück. Der Rückzug von Rom erfolgte demgemäss in ziemlich rascher Bewegung.

Unmittelbar nach seiner Ankunft in Oberitalien setzte Heinrich seine Reise nach Deutschland fort; wie aus dem oben erwähnten Brief an den Bischof Dietrich von Verdun zu ersehen ist, beabsichtigte er, schon das Fest der Apostel am 29. Juni in Regensburg zu feiern. Dass er seine Absicht durchführte und an dem genannten Termine die Donaustadt erreicht hatte, ist durch keine Nachricht ausdrücklich verbürgt, indem nur die Ann. Aug. ganz im Allgemeinen berichten, dass der Kaiser nach seiner Rückkehr aus Italien nach Regensburg kam. Doch sehe ich keinen Grund, daran zu zweifeln, da die Strecke von Verona über den Brenner nach Regensburg, in der Luftlinie ca. 60 Meilen, innerhalb des Zeitraums von 10 Tagen sehr wohl bewältigt werden konnte.

Der Kaiser sammelte im Juli zu Regensburg ein Heer und zog dann gegen Augsburg, um dasselbe den Händen seiner Gegner zu entreissen (Bernold, Ann. Aug.). Welf rückte ihm entgegen und wehrte ihm den Übergang über den Lech. Vierzehn Tage nach dem Bericht der Ann. Aug., vom 24. Juli bis zum 6. August, lagen sich die beiden feindlichen Heere an den Ufern des Flusses gegenüber. In der Nacht vom 6. auf den 7. August endlich zog Welf mit seinem Heere ab, und Heinrich hielt am folgenden Tage seinen Einzug in Augsburg (Ann. Aug.). Nicht lange nachher kehrte er nach Regensburg zurück, um von da gegen Markgraf Liutpold einen Zug zu unternehmen (Bernold, Ann. Yburg.). Derselbe scheint sich bald unterworfen zu haben. Denn schon Ende August eilte der Kaiser an den Rhein und urkundete am 4. Oktober zu Mainz (St. 2863, cf. Bernold, Ann. Aug.). Er besetzte den durch Siegfrieds Tod erledigten erzbischöflichen Stuhl mit Wezilo, einem Halberstadter Domherrn, und kündigte auf den 24. November einen Fürstentag nach Mainz an, zur Beilegung der sächsischen Wirren. Dann begab er sich zufolge der Ann. Aug. nach Metz, wo Bischof Hermann willig die Thore öffnete und sich der kaiserlichen Macht unterwarf. Für die Zeit seiner Anwesenheit in Metz haben wir einen Anhalt an der Urkunde vom 16. Oktober (St. 2864).

1084.

Über das weitere Itinerar Heinrichs im Jahre 1084 besitzen wir fast keine Nachrichten. Wie anzunehmen, bewegte sich dasselbe in den Gegenden am Rhein. Ob der auf den 24. November anberaumte Fürstentag zu Mainz, über dessen beabsichtigte Abhaltung wir durch ein kaiserliches Schreiben an den Bischof von Bamberg[2]) unterrichtet sind, zu Stande kam, ist unbekannt. Das Weihnachtsfest wurde vom Hof nach den Ann. Magdeb. zu Köln gefeiert. —

Auf den 20. Januar 1085 war eine Versammlung zu Gerstungen vereinbart worden, zur Herstellung eines Friedens mit den Sachsen. Allein die Verhandlungen blieben erfolglos. Als am folgenden Tage die Sachsen und Thüringer zusammentraten zur Beratung über die Lage der Dinge, entstand unter ihnen selbst Uneinigkeit, und es kam zu offenem Streit mit dem gezückten Schwert. Bischof

1085.

---

²) Cod. Udalr. 142 (J. 70).

1085. Udo von Hildesheim flüchtete nach Fritzlar und traf hier nach Angabe der Magdeburger Annalen mit dem Kaiser zusammen, der dahin um jene Zeit vom Rhein aus gekommen sein muss, ohne an den Gerstunger Verhandlungen persönlich Teil zu nehmen. Dieselbe Quelle berichtet, Heinrich sei darauf noch weiter in Sachsen eingerückt, während man Versuche gemacht habe, ihn zu versöhnen. Wahrscheinlich kehrte er sehr bald wieder in die Rheingegenden zurück. Jede nähere Kunde über diese Dinge fehlt.

Auf den Anfang Mai berief der Kaiser eine grosse Synode nach Mainz. Dieselbe tagte in seiner Gegenwart vom 4. bis zum 11. Mai (Ann. Aug.). Das Hauptresultat war die Entsetzung Gregors und die schärfsten Massregeln gegen alle Gregorianischen Bischöfe, die nicht erschienen waren. Nach Schluss der Synode zog Heinrich nach Metz, vertrieb den abermals rebellischen Bischof Hermann und setzte an seine Stelle den Abt Walo von St. Arnulf (Sigeb. Gemblac.). Zwei Urkunden (St. 2883 und 2884), die mit Giesebrecht[1]) wohl in dieses Jahr zu setzen sind, bezeugen Heinrichs Anwesenheit in Metz am 1. Juni.

Unterdessen war die Stimmung in Sachsen für die kaiserliche Partei immer günstiger geworden. Heinrich benutzte diesen Umstand, sammelte ein Heer und rückte ungefähr um den 1. Juli in Sachsen ein (Ann. Magdeb., Walram II, c. 28).

Dieser Angabe Walrams widerspricht die Urkunde St. 2868, gemäss deren Datierung der Kaiser am 12. Juni in Quedlinburg gewesen wäre, also schon zu Beginn dieses Monats in Sachsen eingerückt sein müsste. Allein gegenüber diesem sehr verdächtigen Diplom muss die Autorität Walrams ausschlaggebend sein, besonders da der Hof am 1. Juni noch mitten in Lothringen nachgewiesen ist.

Ungehindert zog Heinrich bis Magdeburg, wo er mit königlichen Ehren aufgenommen wurde. Das Land

---

[1]) Kaiserzeit III, p. 1170.

schien beruhigt zu sein, und der Kaiser konnte es wagen, 1085.
sein Heer zu entlassen. Juli und August verbrachte er
in Sachsen, wie zu vermuten, in den Harzgegenden. Allein
die Friedensstille war nur vorübergehend. Ekbert von
Meissen, der sich zum Schein unterworfen hatte, schürte
im geheimen den Aufstand und stand bald an der Spitze
eines rebellischen Heeres. Heinrich, der sich seiner ganzen
Streitmacht entledigt hatte, musste sich im September
durch schleunige Flucht aus dem Lande retten (Walram
II, c. 28).

Ob sich dieser Rückzug nach Bayern oder nach den
Rheingegenden richtete, ist nicht zu ersehen. Ist das
erstere der Fall, so wandte sich der Kaiser jedenfalls nicht
lange darauf nach Bayern, wo er am 9. November in
Regensburg urkundlich nachgewiesen ist (St. 2869).
Das Weihnachtsfest beging er in Worms, wie aus dem
am 28. Dezember daselbst ausgestellten Diplom (St 2870)
geschlossen werden kann. —

Im Anfang des Jahres 1086 blieb der Kaiser am **1086.**
Mittelrhein, mit neuen Rüstungen zu einem Sachsenkriege beschäftigt. Er war am 1. Januar in Worms (St.
2871), am 11. und 12. Januar in Speier (St. 2872—2877),
am 14. Januar wiederum in Worms (St. 2878). Am
27. Januar brach er nach Bernold gegen Sachsen auf.
Ekbert trat ihm mit wohlgerüstetem Heere entgegen. Am
7. Februar war Heinrich in Wechmar, südöstlich von
Gotha, und hielt ein Fürstengericht über den treulosen
Markgrafen ab; derselbe wurde geächtet, seine Güter
konfisziert. Dann drang das Reichsheer noch weiter in
Sachsen vor, wie Walram (II, c. 28) angiebt, bis zur
Bode; bald darauf scheint er ohne grosse Erfolge umgekehrt zu sein.

Der Kaiser begab sich darauf nach Franken. Auf
einer grossen Synode in Mainz, an der er sich beteiligte,
wurde Böhmen und Polen unter Wratislaus von Böhmen

1086. vereinigt, und dem letzteren die Königskrone verliehen. Die einzige Quelle, die von dieser Synode berichtet, ist Cosmas (II, c. 37, 38); doch fehlt bei ihm jede nähere Zeitangabe. Einen terminus ad quem erhalten wir durch das am 29. April zu Regensburg ausgestellte Diplom für das Bistum Prag (St. 2882), durch das eine Vereinbarung jener Synode beurkundet wird. Man glaubte dieselbe darnach bisher in den April des Jahres 1086 setzen zu müssen. Giesebrecht[1]) hat auf die Unwahrscheinlichkeit dieser Annahme hingewiesen, „zumal der Kaiser während dieses Monats sich dauernd in Regensburg aufgehalten zu haben scheint". Es bleibt nur die Möglichkeit übrig, die Synode in den März 1086 zu setzen. Sie fügt sich auf diese Weise sehr passend zwischen Heinrichs Sachsenkrieg und seinen im April beginnenden längeren Aufenthalt in Bayern ein. Die Angabe der Ann. Aug., dass der Kaiser von Sachsen unmittelbar nach Bayern zurückgekehrt sei, muss demnach auf Unkenntnis beruhen.

Vielmehr begab sich Heinrich dahin erst Ende März, wahrscheinlich um das Osterfest (5. April) in Regensburg zu feiern. Hier blieb er den ganzen Monat hindurch, wie aus den am 3., 9., und 29. April ausgestellten Urkunden (St. 2880—2882) mit ziemlicher Sicherheit geschlossen werden kann (cf. auch Bernold und Ann. Aug.). Unterdessen fing auch in Bayern die gegnerische Partei an, sich wieder zu regen. Die Rebellen zogen gegen Regensburg und begannen den Kaiser hier zu belagern (Bernold, Ann. Aug.). Doch war ihre Macht wohl zu gering, um den hartnäckigen Widerstand der Kaiserlichen zu brechen; schon nach kurzer Zeit gaben sie die Belagerung wieder auf[2]). Bald darauf scheint Heinrich, wie

---

[1]) Kaiserzeit III, p. 1170.
[2]) So werden wohl die unbestimmten Worte der Ann. Aug.: „[Heinricus] per prudentiae patientiam eorum temeritatis vicit insaniam" zu verstehen sein und nicht, wie Giesebrecht (Kaiserzeit III, p. 615 und 1170) meint, an ein Entkommen Heinrichs aus der belagerten Stadt gedacht werden dürfen.

aus den Augsburger Annalen hervorgeht, einen siegreichen 1086. Zug gegen seine Feinde in **Bayern**, wahrscheinlich nach der Gegend von Salzburg hin, unternommen zu haben. Von diesen Unternehmungen wurde er abgerufen durch die Kunde, dass der Gegenkönig Hermann beabsichtige, sich in Würzburg mit den schwäbischen Rebellen zu vereinigen (Bernold). Alsbald eilte Heinrich selbst nach **Würzburg**, wo seine Anwesenheit durch eine Urkunde vom 18. Juni (St. 2885) bezeugt ist. Doch scheint er bald darauf die Stadt wieder verlassen zu haben, in der Absicht, noch stärkere Truppenmassen gegen die verdoppelte Macht des Feindes um sich zu sammeln.

Würzburg war der Obhut Friedrichs von Schwaben anvertraut worden und hielt — etwa vom 6. Juli bis zum 10. August — eine fünfwöchentliche Belagerung durch die Aufständischen aus (Bernold). Indessen hatte Heinrich ein stärkeres Heer vereint und zog zum Entsatz der schwer bedrängten Stadt heran. Die Belagerer rückten ihm entgegen, und so kam es am 11. August bei **Pleichfeld**, zwei Meilen nördlich von Würzburg, zu der Schlacht gleichen Namens. Das Datum derselben überliefern Bernold, die Annales Hildesheimenses[1]), Ann. Wirceb. und Ann. Mellic. Die Schlacht endigte mit einem vollkommenen Siege der Sachsen. Heinrich flüchtete nach Bernold **an den Rhein**. Doch keinen Moment gönnte sich der Kaiser Ruhe. Wiederum sammelte er in Eile ein Heer und rückte bald nach der Schlacht von Pleichfeld, also etwa Ende August oder Anfang September, gegen **Würzburg**. Dasselbe war unterdessen in die Hände der Feinde übergegangen, leistete dem jetzigen Angriff des Kaisers aber offenbar keinen langen Widerstand, und nach kurzer Zeit konnte derselbe in die eroberte Stadt einrücken (Ann. Hild., Ann. Wirceb., Walram II, c. 28 u. a.).

Gegen Schluss des Jahres 1086 treffen wir Heinrich nach Bernold in **Bayern** bei der Belagerung einer Burg.

---

[1]) M. G. SS. III, p. 22—116.

1086. Hier wurde er von den Herzögen Welf und Berthold überfallen und am 24. Dezember zum Abzug genötigt, nachdem er zuvor das Zustandekommen eines Fürstentags für das nächste Jahr versprochen hatte. Das Weihnachtsfest beging er vermutlich in einer der bayerischen Pfalzen. —

1087. Für die ersten sieben Monate des Jahres 1087 lassen uns Chronisten und Urkunden fast völlig im Stiche. Nur zwei zweifelhafte Diplome vom Mai 1087 (St. 2886 und 2886a), die aber sicher echte Bestandteile in sich bergen, lassen auf einen Aufenthalt des Kaisers zu Aachen in jenem Monate schliessen, eine Annahme, die an Wahrscheinlichkeit gewinnt durch den Umstand, dass am 30. Mai 1087 die Krönung des jungen Konrad zu Aachen stattfand (Ann. Weissemb.). Anwesenheit des Kaisers bei dieser Feier ist wohl ziemlich sicher anzunehmen, obwohl dieselbe in keiner der Quellen, die von Konrads Krönung berichten, erwähnt wird.

Auf den 1. August kündigte Heinrich nach Bernold und den Ann. Aug. einen Reichstag nach Speier an, wo über eine Vereinbarung mit den Sachsen verhandelt werden sollte. Allein man scheiterte an des Kaisers Weigerung, den Bann des Papstes anzuerkennen, und der Fürstentag schloss damit, dass Heinrich auf den 6. Oktober eine neue Heerfahrt gegen Sachsen anberaumte (cf. zum Speirer Aufenthalt im August: St. 2887).

Vom 13. September ist eine angeblich zu Vevey, am Genfer See, ausgestellte Urkunde auf uns gekommen, eine Schenkung enthaltend für die Abtei Savigny bei Lyon (St. 2888). Doch trage ich Bedenken, dementsprechend einen Aufenthalt Heinrichs zu Vevey um jene Zeit in das Itinerar aufzunehmen. Die Nachricht dieser Urkunde steht völlig vereinzelt da, keine andere Quelle deutet auf einen Aufenthalt in jenen Gegenden, und es fehlt jedwede Mutmassung darüber, was Heinrich im Jahre 1087 an den Genfer See geführt haben sollte. Auch zu keiner andern Zeit seiner Regierung, ausser im Winter 1076/77, bei der Reise nach Kanossa, ist ein Aufenthalt des Kaisers in den Gegenden des Genfer Sees nachweisbar. Dies legt den Gedanken nahe, dass wir in der vorliegenden Urkunde die nachträgliche Ausfertigung einer älteren Handlung haben, die dann etwa Ende 1076 zu setzen wäre. Allein dieser Annahme stehen bedeutende Schwierigkeiten im Wege. Vevey, am nordöstlichen Ufer des Genfer Sees, lag vollkommen ab von dem Wege, den Heinrich auf der Reise nach Kanossa einschlug. Er konnte Vevey nur berühren, wenn er in der Absicht, den Pass des grossen Bernhard zu benützen, den Rhone bei Martigny überschritt. Dies jedoch geschah, wie Berthold ausdrücklich bezeugt, bei Genf. Dass Heinrich aber, dem daran gelegen sein musste, möglichst rasch den italienischen Boden zu gewinnen, sich mitten im strengsten Winter in Genf aufgehalten und von hier etwa Vevey, einen Ort am entgegengesetzten Ende des Sees, besucht haben sollte, wäre eine Annahme, die ebenso willkürlich wie unwahrscheinlich ist. Viel einleuchtender wäre, daran zu denken, dass wir in St. 2888 vielleicht die Neuausfertigung einer älteren zu Vevey ausgestellten Urkunde haben, die im Jahre 1087 von Kaiser Heinrich IV. in einem andern Orte erneut wurde, wobei durch irgend ein Versehen der Ausstellort des älteren Diploms in die Neuausfertigung überging. Indes dürfte es schwer sein, zu einem sicheren Resultat über das vorliegende Diplom, bezw. die Möglichkeit von dessen Verwertung für das Itinerar zu gelangen.

1087.

Die auf den 6. Oktober angesagte Heerfahrt kam nach Bernold nicht zu Stande. Wohl aber unternahm der Kaiser, der erkrankt war, etwas später — wahrscheinlich gegen Mitte Oktober — einen Zug gegen die Sachsen (Bernold, Ann. Aug., Ann. Saxo, Walram II, c. 33). Allein wiederum liess er sich durch Ekbert von Meissen verblenden. Derselbe versprach, sich dem Kaiser in Hersfeld zu stellen. Hier erschien er, heuchelte tiefe Reue

1087. und machte sich anheischig, den Frieden mit Sachsen und Thüringen zu vermitteln. Doch schon am nächsten Tag liess er durch Boten erklären, dass er sein Versprechen nicht erfüllen könne. Heinrich hatte unterdessen sein Heer wieder aufgelöst und konnte an keine Verfolgung des Verräters denken. Er zog westwärts an den Niederrhein, wo seine Anwesenheit in Utrecht am 1. November (oder 29. Oktober) wahrscheinlich ist (St. 2889, cf. II, p. 536). Die Datierungsangabe dieser allerdings unechten Urkunde fügt sich passend in das Itinerar. Heinrich scheint den ganzen Rest des Jahres in Lothringen verbracht zu haben. Er feierte Weihnachten zu Aachen, wie aus Rudolfi gesta abbatum Trudonensium[1]) erhellt. Der Autor derselben berichtet (III, c. 4) von der Beschwerde des Abtes Luipo von St. Trond gegen Bischof Heinrich von Lüttich, von dem Luipo im Jahre 1085 exkommuniziert worden war. Die Klage des Abtes wurde wiederholt vor den Kaiser gebracht; dieser verschob die Verhandlung der Sache auf eine Kurie in Aachen, die an Weihnachten daselbst abgehalten wurde. Aus der Vergleichung der hier in Betracht kommenden Jahre wird leicht ersichtlich, dass bei der angeführten Stelle nur das Weihnachtsfest 1087 gemeint sein kann, das der Kaiser demgemäss in Aachen gefeiert haben muss.

Es bleibt zum Jahre 1087 noch eine Angabe zu erwähnen, die sich in den Ann. s. Disibodi zum Jahre 1088 findet. Es heisst daselbst bei den Unternehmungen Heinrichs gegen Gleichen: „Heinricus memor iniuriae, quam sibi Eggebertus marchio anno praeterito apud Merseburg fecerat etc." Darnach müsste der Kaiser zu irgend einer Zeit des Jahres 1087, am wahrscheinlichsten auf seinem Sachsenzuge, in Merseburg gewesen sein. Da jedoch keine andere Quelle etwas davon weiss, und bei dem „iniuria Eggeberti" wohl nur an des Markgrafen falsche Unterwerfung zu Hersfeld gedacht werden kann, so

---

[1]) M. G. SS. X, p. 227—272.

scheint die Nachricht jener Annalen eine irrige zu sein, 1087.
bezw. zu unsicher, um daraus eine Folgerung für das
Itinerar ziehen zu können. —

Der Aufenthalt des Kaisers in Aachen dehnte sich, **1088.**
wie es scheint, von Weihnachten 1087 bis tief in das
Frühjahr 1088 hinein aus. Wenigstens feierte er nach
den Ann. s. Jac. Leod. das Osterfest am 16. April in
Aachen und stellte ebendaselbst zwei Urkunden am 23.
und 29. April aus (St. 2889a und 2889b).

Im weiteren Verlauf des Jahres kam Heinrich wieder
nach Sachsen, wo ihm nach dem Tode seines heftigsten
Gegners, des Bischofs Burchard von Halberstadt (am 6. April)
eine durchaus friedliche Aufnahme zu Teil wurde (Bernold). Durch das Hinscheiden seiner Gemahlin Bertha
am Schluss des verflossenen Jahres zum Witwer geworden, verlobte er sich mit Praxedis, der Tochter des verstorbenen Markgrafen Heinrich von der Nordmark. Indes schon erfuhr er wieder von verräterischen Plänen
seines Vetters Ekbert. Er liess denselben vorladen, und
als er nicht erschien, zu Quedlinburg ein Fürstengericht über ihn abhalten. Dasselbe wird erwähnt in dem
Text der Urkunde St. 2893[1]) und von Giesebrecht[2]) darnach gewiss mit Recht in den Sommer 1088 gesetzt. Abermals wurde auf jenem Fürstentag die Acht über den
Markgrafen verhängt.

Von Sachsen scheint sich der Kaiser an den Mittelrhein begeben zu haben, wo er am 10. August in Mainz
urkundlich nachgewiesen ist (St. 2890). Ficker[3]) hat gezeigt, dass die von Stumpf angeführten Gründe nicht
ausreichen, um die Echtheit jener Urkunde zu verdäch-

---

[1]) abgedruckt bei Waitz, a. a. O. p. 10 ff.
[2]) Kaiserzeit III, p. 627.
[3]) a. a. O. II, p. 187.

1088. tigen, und auch Stumpf hat sich nachträglich in den Anmerkungen seines Buches für die Echtheit jenes Diploms entschieden.

Unmittelbar nach dem 10. August brach Heinrich von Mainz nach Thüringen auf und rückte vor Ekberts Burg Gleichen, deren Belagerung er nach den Ann. s. Disibodi am 14. August begann. Über vier Monate lag er vor dieser Feste[1]); an ihrem hartnäckigen Widerstande scheiterten alle Angriffe des Reichsheeres. Am Abend des 24. Dezember erfolgte ein plötzlicher Überfall des kaiserlichen Lagers durch Ekbert (Ann. Hild., Ann. Aug., Ekk., Bernold). Heinrich war gänzlich unvorbereitet und musste nach einem blutigen Treffen dem Markgrafen weichen. Er wurde, wenn Bernolds Angabe richtig ist, von den Feinden auf einen Berg gedrängt und daselbst durch zweitägige Einschliessung zur Anerkennung des Anathems und zur Nachsuchung der Versöhnung genötigt, eine Nachricht, die wohl keines Falls wörtlich zu nehmen sein wird. Dann zog er durch Thüringen nach Franken und beging nach Bernold in Bamberg nachträglich die Weihnachtsfeier. Diese Angabe des Chronisten wird durch die unechte Urkunde vom 2. Januar, St. 2892, unterstützt.

Walram II, c. 25 erzählt von einem Weihnachtsfest, das der Kaiser, umgeben von einer grossen Zahl von weltlichen und geistlichen Fürsten zu Mainz gefeiert habe. Darauf folgen die Worte: „Post illos autem dies, quibus haec, quae diximus, facta sunt Maguntiae, concelebrata est etiam Coloniae per eundem Hartwigum ordinatio Adelheidae reginae". Aus diesem Zusammenhang (die Krönung Adelheids erfolgte im Sommer 1089) geht mit Deutlichkeit hervor, dass an der angeführten Stelle nur das Weihnachtsfest 1088 gemeint sein kann. Schwenkenbecher[2])

---

[1]) cf. auch die zweifelhafte Urkunde St. 2891 vom 12. Dezember.

[2]) zuerst in seiner Recension von P. Ewalds Walram von Naumburg in Sybels histor. Zeitschrift 34, p. 421, dann in seiner Ausgabe Walrams, p. 93, Note 1.

hat darauf hingewiesen, dass diese Nachricht Walrams jeden- 1088.
falls irrtümlich sein muss, da Heinrich Weihnachten 1088
in die Kämpfe vor Gleichen verwickelt war. —

Von Bamberg (cf. St. 2892) begab sich der Kaiser **1089.**
im Januar 1089 nach Regensburg, wo er am 1. Februar
verschiedene Urkunden (St. 2893—2895) ausstellte. Markgraf Ekbert ward geächtet, und seine friesischen Grafschaften an das Bistum Utrecht geschenkt. Mit dem
Ende des Monats scheint Heinrich von Bayern in die
rheinischen Gegenden übergesiedelt zu sein. Er war am
5. April in Metz, wie die Urkunde St. 2896 bezeugt[1]).
Wahrscheinlich im Laufe des Sommers, vielleicht schon
beim Pfingstfest, am 20. Mai, feierte er zu Köln seine
Vermählung mit Adelheid. Die Ann. Rosenveld., Ekkehard und Walram (II, c. 26), die dieses Ereignis überliefern, geben keine nähere Zeitangabe.

Am 9. August treffen wir Heinrich zufolge der allerdings wahrscheinlich unechten Urkunde St. 2898 in Mainz.
Unmittelbar darauf scheint der Kaiser die Rheingegenden
verlassen und sich nach Ostfranken gewandt zu haben,
wo er bereits am 14. August zu Bamberg urkundete
(St. 2899). Für die Folgezeit kann das Diplom vom 22. November mit dem Ausstellort Mainz (St. 2900), dessen
Original zwar nicht in der königlichen Kanzlei geschrieben ist, wohl aber seine Kanzlei, ohne Bedenken
für das Itinerar verwertet werden. Da der Kaiser indessen
das Weihnachtsfest, wie die Ann. Rosenveld. berichten,
in Regensburg beging, ist sein Aufenthalt am 22. November zu Mainz, von wo er erst im August nach Bamberg gegangen war, kaum wahrscheinlich und würde ein
schwer zu erklärendes Hin- und Herziehen voraussetzen.
Ich vermute deshalb, dass die Handlung der am 22. No-

---

[1]) cf. über deren Echtheit Waitz, a. a. O. p. 27, Anm.

1089. vember beurkundeten Schenkung in Heinrichs zu Anfang August nachgewiesenen Mainzer Aufenthalt zu setzen ist.

Ausserdem berichten Bernold und die Ann. Ottenbur. zum Jahre 1089 von einem Sachsenzuge des Kaisers, der nach Angabe der letzteren friedlich geendet haben soll. Dieser Zug wird wahrscheinlich in den Herbst, etwa die Monate September, Oktober fallen, wo der Kaiser wohl von Ostfranken aus nach Sachsen gezogen und nach Beendigung des Unternehmens wieder ebendahin zurückgekehrt sein mag. —

1090. Im Anfang des Jahres 1090 treffen wir Heinrich in den fränkischen Gebieten. Er war am 14. und 19. Februar in Speier (St. 2901 und 2902); in dieselbe Zeit wird die in den Ann. Rosenveld. erwähnte Fürstenversammlung von Speier zu setzen sein, die über das Zustandekommen eines Friedens, wiederum erfolglos, verhandelte.

In der folgenden Zeit war der Kaiser mit den Vorbereitungen zu seinem dritten Römerzuge beschäftigt. Gegen Ende März brach er auf, überschritt den Brenner und urkundete am 10. April in Verona (St. 2903). Willig öffneten sich ihm die Thore der meisten oberitalienischen Städte. Er wandte sich nach Donizo (II, c. 4) im Mai zur Belagerung Mantuas. Im folgenden Monate nahm er Rivalta, am Mincio, oberhalb Mantua, wo er am 26. Juni eine Urkunde (St. 2904) ausstellte; kurz darauf fiel auch der Turm Governolo, an der Mündung des Mincio in den Po, in seine Hände (Donizo II, c. 4). Ganz unbegründet ist die Vermutung von Hildenhagen[1]), dass die Einnahme von Rivalta und Governolo erst in den Anfang des Jahres 1091 zu setzen sei.

Mantua selbst hielt sich hartnäckig und trotzte der Belagerung. Heinrich scheint persönlich bei derselben

---

[1]) Hildenhagen, Heinrich IV. von 1090—1092 (Potsdam 1876), p. 20.

ausgeharrt zu haben bis gegen das Ende des Jahres. 1090. Dann liess er einen Teil seines Heeres vor der Stadt zurück und begab sich nach Verona, wo er bereits Ende November sich aufhielt und bis nach Weihnachten blieb. Dies erhellt aus einer Nachricht des Chronicon Gozecense[1]). Dasselbe berichtet (I, c. 23, 24) von einer Gesandtschaft, die nach dem Tode des Bischofs Gunther von Zeitz nach Italien kam, um die Bestätigung des zum Bischofe gewählten Abtes Friedrich bei Heinrich einzuholen. Sie traf den Kaiser in Verona und harrte, als sie eine abschlägige Antwort erhielt, vom 30. November bis Weihnachten an dem kaiserlichen Hofe aus, um durch wiederholte Bemühungen die Bewilligung ihres Gesuches zu erlangen. Dass Heinrich das Fest selbst noch in Verona feierte, wird darnach wohl mit Sicherheit anzunehmen sein. Dann wandte er sich nach Padua, wo seine Anwesenheit am 31. Dezember bezeugt ist (St. 2905). —

Nachdem Heinrich die ersten Wochen des Jahres 1091. 1091, wie zu vermuten, in Padua verbracht hatte (cf. die Urkunde vom 6. Januar, St. 2906), kehrte er wohl — wir wissen nicht, um welche Zeit — zur Belagerung von Mantua zurück. Die Not in der Stadt war indessen auf das höchste gestiegen. Endlich in der Nacht vom 10. auf den 11. April öffneten sich die Thore, und der Kaiser hielt am folgenden Tage seinen Einzug in die eroberte Stadt, wo er am 13. April das Osterfest beging (Donizo II, c. 4, 5). Die letztere Nachricht wird bestätigt durch die Continuatio II casus s. Galli[2]) (c. 7), wo die Investitur des Bischofs Arnold von Konstanz auf Ostern 1091 nach Mantua gesetzt wird.

Am 5. Mai verweilte der Kaiser in Bassano, südlich von Brescia (St. 2907), vorher oder nachher in Botticino,

---

[1]) M. G. SS. X, p. 140—157.
[2]) M. G. SS. II, p. 148—163.

1091. östlich von Brescia (St. 2908, ohne alle Daten); am 17. Mai war er wieder nach Mantua zurückgekehrt (St. 2909). Eine Urkunde vom 23. Mai, ohne Ausstellort, die Bestätigung der Rechte eines Klosters zu Vicenza enthaltend, lässt mit Wahrscheinlichkeit auf einen Aufenthalt Heinrichs in dieser Stadt um den genannten Zeitpunkt schliessen. Derselbe dehnte sich vielleicht bis in den Juni hinein aus (cf. St. 2912 vom 5. Juni, ohne Ausstellort). Den folgenden Sommer verwandte der Kaiser dazu, um die übrigen festen Plätze und Burgen Mathildens nördlich vom Po in seine Gewalt zu bringen. Die meisten fielen ihm ohne längeren Widerstand zu. Nur an Piadena, am Oglio, und Nogara, ca. 3 Meilen östlich von Mantua, scheiterten seine Angriffe (Donizo II, c. 6). Besonders erwähnt wird von Donizo zum Sommer 1091 die Einnahme von Minervia, worunter ohne Zweifel das heutige Manerbio, zwischen Brescia und Cremona, zu verstehen ist.

Im August hatte Heinrich mit dem älteren Welf eine Zusammenkunft zu Verona; den Ort derselben überliefern die Ann. Aug., den Monat Bernolds Jahrbücher. Er blieb hier wahrscheinlich den ganzen folgenden Monat, wie die Urkunden vom 2. und 21. September[1] (St. 2913 und 2914) anzudeuten scheinen. Im Winter begab er sich nach Donizo (II, c. 6) in die Gegenden östlich von der Etsch. Da er einen Teil seines Heeres entlassen hatte, glaubte Mathilde den günstigen Moment benützen zu müssen und sandte dem Kaiser tausend ihrer Ritter nach, um ihn durch einen unerwarteten Angriff zu überraschen. Jener aber vermied acht Tage lang sorgfältig jeden Zusammenstoss mit den Feinden und wiegte dieselben dadurch in völlige Sorglosigkeit ein. Mit einem Male überfiel er seine nichtsahnenden Gegner bei Tricontai, südlich von Vicenza, und brachte denselben eine völlige Niederlage bei (Donizo II, c. 6). Als Sieger kehrte er dann gegen Schluss des Jahres nach Mantua

---

[1] cf. Giesebrecht, Kaiserzeit III, p. 1176.

zurück, wo er, wie Giesebrecht[1]) wohl mit Recht aus dem in der Folgezeit daselbst nachgewiesenen Aufenthalt schliesst, das Weihnachtsfest feierte. — 1091.

Der Chronist Cosmas erzählt in dem Bericht über die Bischofswahl des Cosmas von Prag (II, c. 49), dass derselbe, von dem Pfalzgrafen Rapoto über die Alpen geleitet, am 1. Januar 1092 Kaiser Heinrich IV. zu Mantua vorgestellt worden sei, um die Bestätigung der Wahl von jenem zu empfangen. Seinem Gesuche wurde willfahren, und am 4. Januar erfolgte in der genannten Stadt seine Belehnung mit Stab und Ring durch den Kaiser. Durch diese Angaben des böhmischen Chronisten ist Heinrichs Aufenthalt in Mantua zu Beginn 1092 belegt. Er hielt sich hier, wie Giesebrecht[1]) vermutet, bis zur Pfingstzeit auf; bestimmtere Nachrichten fehlen. 1092.

Im Juni 1092 zog der Kaiser nach Donizos Bericht (II, c. 7) über den Po, um Mathildens Besitzungen am Apennin anzugreifen. Die Burgen Monte Morello und Monte Alfredo am Tanaro wurden ohne viele Mühe genommen. Härteren Widerstand dagegen fand man an Monteveglio, südöstlich von Mutina, bei dessen Belagerung Heinrich nach Donizo (II, c. 7) den ganzen Sommer verlor. Eine genauere zeitliche Bestimmung dieser Belagerung ist kaum möglich. Nur eine Bulle Wiberts vom 9. August[2]) deutet auf Wiberts und Heinrichs Anwesenheit vor der Burg um jene Zeit, eine Angabe, die unterstützt wird durch die Datierung der an sich zweifelhaften Urkunde St. 2915 (12. August, Monteveglio). Ebenso gewinnen wir durch die Urkunde Mathildens vom 5. September 1092[3]), welche den Zeitpunkt der Versammlung von Carpineta fixiert, verbunden mit der Angabe Donizos (II, c. 7), dass der Kaiser nach jener

---

[1]) Kaiserzeit III, p. 647.
[2]) Jaffé, Regesta pontificum Romanorum, Nr. 4009.
[3]) Camici, Guelfo con Matilda, p. 54.

1092. Versammlung fortfuhr, Monteveglio zu bestürmen, einen ungefähren Anhalt für die Zeitbestimmung. Heinrich verzweifelte allmälig an der Möglichkeit der Einnahme und zog — vielleicht Ende September oder Anfang Oktober — von Monteveglio ab. Er wandte sich zunächst nach Reggio, von da gegen Parma. Plötzlich aber verliess er die Strasse dahin, zog südlich gegen die Berge und besetzte, wie Donizo (II, c. 7) berichtet, Cavigliano, das heutige San Paolo, nicht ganz eine Meile nordwestlich von Kanossa. Seine Absicht war, diese letztere Burg durch einen raschen Überfall in seine Gewalt zu bringen. Mathilde verliess mit einem Teil der Besatzung ihre Feste und eilte nach Bianello, um den Kaiser, der unterdessen bis in die unmittelbare Nähe von Kanossa vorgerückt war, im Rücken anzugreifen. Zu gleicher Zeit erfolgte ein Ausfall von der Besatzung der Burg gegen das kaiserliche Heer. Es entstand ein blutiger Kampf, aus dem die Markgräfin als unbestrittene Siegerin hervorging (Donizo II, c. 7). Heinrich gab das Treffen auf und eilte nach Bajano, wo er eine Nacht verbrachte; am nächsten Tage zog er sich in die cispadanischen Gegenden zurück und suchte in einer der ihm wohlgesinnten lombardischen Städte, wie es scheint zu Pavia (cf. St. 2916, undatiert), Erholung von den überstandenen Mühen (Donizo II, c. 7). Diese Vorgänge werden wohl alle noch in den Oktober 1092 zu setzen sein. —

1093—96. Die folgenden vier Jahre sind diejenige Periode in der Geschichte Heinrichs IV., über die wir, was die Persönlichkeit des Herrschers selbst betrifft, am allerdürftigsten unterrichtet sind. Annalistische Aufzeichnungen der Geschichtsschreiber mangeln fast gänzlich, und nur einige wenige Urkunden werfen hie und da ein erhellendes Licht in das Dunkel, das um die Persönlichkeit des Kaisers verbreitet ist.

Heinrichs Ansehen war offenbar durch die Misserfolge des Jahres 1092 bedeutend gesunken; die Mehzahl seiner Eroberungen fiel wieder in die Hände seiner Gegner zurück, und er sah sich genötigt, seinen Aufenthalt auf die Gegenden nördlich vom Po zu beschränken. Hier, zumeist in den östlichen Tiefebenen, allmälig ganz in die Gegenden jenseits der Etsch zurückgedrängt, scheint er die folgenden Jahre verbracht zu haben, zu stumpfer Thatenlosigkeit verdammt und in stiller Verzweiflung die Schicksalsschläge ertragend, die sich über seinem Haupte häuften. — **1093—96.**

Aus dem Jahre 1093 ist durch die Urkunden St. 2917—2921 Heinrichs Aufenthalt in Pavia am 25. April und 12. Mai nachgewiesen. In dieser Zeit wahrscheinlich war es, wo er von dem Verrate seines Sohnes Konrad erfuhr, der, wie Bernold erzählt, vorübergehend sogar den Gedanken an Selbstmord in ihm reifen lies. Im Lauf des Jahres zog er sich dann in die Gegenden östlich der Etsch zurück. Das Weihnachtsfest feierte er nach Bernold im Vereine mit Wibert zu Verona. Eine zu Mantua ausgestellte Urkunde für Bischof Chono (St. 2922)[1]) deutet auf einen Aufenthalt des Kaisers in dieser Stadt, ohne dass eine genauere zeitliche Bestimmung desselben möglich wäre. — **1093.**

Für das Jahr 1094 besitzen wir nur eine einzige hierher gehörige Nachricht, die wir der Chronik des Andreas Dandolo[2]) verdanken. Darnach hob der Kaiser zu Treviso eine Tochter des Dogen Vitalis von Venedig aus der Taufe und bestätigte demselben sämmtliche Privilegien seiner Vorfahren. Das Diplom, welches diese letztere **1094.**

---

[1]) cf. Neues Archiv I, p. 129.
[2]) Muratori, SS. XII, p. 251.

1094. Handlung beurkundet, ist uns in Abschrift erhalten, trägt jedoch ungenaue Datierung und ist ohne Tagesdatum (St. 2924). —

1095. Etwas besser ist es mit den Nachrichten zum Jahre 1095 bestellt. Zwei Urkunden von Padua (St. 2928 und 2929), die eine im März, die andere unter dem 31. Mai ausgestellt, beweisen Heinrichs Aufenthalt in dieser Stadt. Zu Beginn des Sommers, wie es scheint, stattete der Kaiser Venedig einen Besuch ab, wo er, ehrenvoll aufgenommen, verschiedenen Klöstern ihre Privilegien bestätigte (Andreas Dandolo, p. 252). Eine derartige Bestätigung ist erhalten in der Urkunde Heinrichs vom Juni 1095 (St. 2930), die für S. Zaccaria zu Mestre, bei Venedig, erlassen ist. Noch in demselben Monat urkundete der Kaiser zu Verona (St. 2931), am 7. Oktober zu Garda, am Ostufer des Gardasees (St. 2932).

In das Jahr 1095 wird von Stenzel[1]) auch die Nachricht Donizos (II, c. 9) von Heinrichs missglücktem Angriff auf Nogara gesetzt. Druffel[2]) hält es, in Anbetracht des Umstandes, dass Donizo den Abfall Konrads erst nach der Erzählung jenes Angriffs auf Nogara erwähne, für bedenklich, die Kombination Stenzels ohne weiteres anzunehmen, obgleich, wie er zugesteht, nichts entschieden dagegen spreche. Giesebrecht[3]) dagegen will jenes Ereignis jedenfalls in die Zeit nach der Synode von Piacenza (1. März 1095) angesetzt wissen. Da die Chronologie Donizos kaum massgebend sein dürfte, andererseits jeder Anhaltspunkt für die Zeitbestimmung des Angriffs auf Nogara fehlt, wird es kaum möglich sein, zu einem sicheren Resultate über jenen Punkt zu gelangen.

---
[1]) a. a. O. I, p. 554.
[2]) v. Druffel, Kaiser Heinrich IV. und seine Söhne (Regensburg 1862), p. 13, Anm. 1.
[3]) Kaiserzeit III, p. 1179.

Ob für das Itinerar des Jahres 1095 die zweifelhafte 1095.
Urkunde vom 13. Februar mit dem allerdings sehr auffallenden Ausstellort Bern, offenbar statt Verona (St. 2927),
verwendet werden kann, ist schwer zu entscheiden. Doch
möchte ich wenigstens die Möglichkeit einer echten Vorlage nicht ausschliessen, da ein Aufenthalt in Verona um
jene Zeit an sich ganz wahrscheinlich ist. —

Im Jahre 1096 hielt sich Heinrich wohl abwechselnd **1096.**
in Verona und Padua auf. Eine Urkunde mit der
Angabe „factum Veronae, data Patavii" (St. 2934)
deutet auf den wechselnden Aufenthalt in jenen beiden
Städten in den Monaten Juli und Dezember. In den Juli,
und nicht wie Stumpf will, in den Februar wird auch
die angeblich zu Verona ausgestellte Urkunde St. 2933
zu setzen sein, wegen der Angabe: imp. 13, welcher Zeitabschnitt erst mit dem 31. März 1096 anhebt. —

Gegen Ende April des Jahres 1097 verliess der Kaiser **1097.**
den Boden Italiens, zog über den Brenner nach Deutschland und war am 15. Mai in Nussdorf, südöstlich von
Rosenheim am Inn (St. 2935). Das Pfingstfest am 24. Mai
feierte er nach Bernold und den Ann. Aug. zu Regensburg. Noch am 14. Juni ist Heinrichs Anwesenheit in
dieser Stadt nachgewiesen (St. 2936); bald darauf ging er
nach Nürnberg, wo er abermals einen längeren Aufenthalt nahm (Bernold). Es fand hier, wie die Chronica
episcoporum Merseburgensium[1] (c. 12) berichtet, eine Fürstenversammlung statt, bei der eine Gesandtschaft der Merseburger wegen Neubesetzung des bischöflichen Stuhles
eintraf.
Die höchst verdächtige Urkunde vom 26. Juli (St. 2938)
kann für das Itinerar des Jahres 1097 keine Verwendung

---

[1] M. G. SS. X, p. 157—212.

1097. finden, da ein Aufenthalt Heinrichs in Grone, bei Göttingen, um die besagte Zeit, an sich schon durchaus unwahrscheinlich, in direktem Widerspruche steht mit der positiven Aussage Bernolds, der Kaiser habe den ganzen Sommer in den Gegenden von Regensburg und Nürnberg verbracht.

Gegen Ende des Sommers begab sich der Kaiser über Würzburg, wo er am 21. August urkundete (St. 2937), an den Rhein nach Speier und verbrachte hier den Herbst in stiller Zurückgezogenheit (Bernold). Gegen den 1. Dezember wurde nach den Ann. Rosenveld. und Ekkehard zu Mainz ein Fürstentag von Heinrich abgehalten; über die Resultate desselben ist uns nichts bekannt. Das Weihnachtsfest feierte der Hof in Strassburg (Ann. Saxo, Ann. Ottenbur., Ann. Rosenveld., Ekk.). —

1098. In den Anfang des Jahres 1098 setzt Giesebrecht[1]) gewiss mit Recht das Schreiben des Kaisers an den Bischof von Bamberg[2]), in dem er denselben zu einem Hoftag nach Worms einladet, wo über die Sache Welfs und seiner Söhne entschieden werden sollte. Auf diesem Hoftag zu Worms, für dessen genauere chronologische Bestimmung wir keinen Anhaltspunkt besitzen, scheint die Unterwerfung der Söhne Welfs erfolgt zu sein.

Eine im Februar zu Aachen ausgestellte Urkunde (St. 2939) bezeugt Heinrichs Aufenthalt daselbst in jenem Monat. Im Frühjahr war er nach Franken zurückgekehrt; er urkundete am 10. Mai zu Mainz (St. 2940). In diese Zeit setzt Giesebrecht[1]) den bei Ekkehard erwähnten Fürstentag, auf dem die Untersuchungen über das Vermögen der getöteten Juden eingeleitet wurden. Auf demselben Tage geschah, wenn die Kombination Giesebrechts richtig ist, die Wahl des jungen Heinrich zum König und

---

[1]) Kaiserzeit III, p. 680 ff. und 1180.
[2]) Jaffé, Bibl. V, 91.

Thronfolger, ein Akt, der, wie aus einem Briefe des Kaisers an Hugo von Cluny[1]) hervorgeht, zu Mainz vollzogen wurde. Bald nach Schluss jener Fürstenversammlung muss sich Heinrich an den Niederrhein begeben haben, wo er am 23. Mai zu Köln eine Urkunde (St. 2941) ausstellte. Ob er in diesen Gegenden unausgesetzt bis zum Schluss des Jahres blieb, ist nicht festzustellen. Jedenfalls feierte er das Weihnachtsfest nach Ekkehard in Köln. —

1098.

Zu Beginn des Jahres 1099 begab sich der Kaiser wieder nach Aachen, wo am 6. Januar die feierliche Krönung des jungen Heinrich stattfand (Annales Aquenses[2]), Ekk.). Sein Aufenthalt zu Aachen dehnte sich nachgewiesenermassen bis in den folgenden Monat hinein aus. Er belehnte hier am 30. Januar Theoderich von St. Trond mit dem Abtsstab (Rod. gesta abb. Trudon., p. 254) und schenkte am 10. Februar dem Marienstift zu Aachen die Villa Wallhorn im Ardennengau (St. 2943).

Als das Frühjahr herannahte, zog Heinrich nach Bayern und feierte das Osterfest am 10. April zu Regensburg (Ann. Hild., Ann. Wircib. u. a.), wo er jedenfalls bis zum Schlusse des Monats blieb. Der Chronist Cosmas (III, c. 8) erzählt, dass Bretislaw II. von Böhmen mit dem neugewählten Bischof Hermann von Prag am 19. April in Regensburg bei Heinrich eintraf, um von demselben die Investitur des Bischofs zu erlangen. Der Kaiser vollzog dieselbe und belehnte zugleich Bretislaws Bruder Borivoi zum voraus mit Böhmen. Noch am 30. April liess er eine Urkunde (St. 2944) zu Regensburg ausfertigen.

Heinrichs gesunkenes Ansehen begann sich durch sein kräftiges Eingreifen in die Verhältnisse des Ostens wieder

1099.

---

[1]) d'Achery, Spicilegium III, p. 441.
[2]) M. G. SS. XXIV, p. 33—39.

1099. zu heben. Das Fest der Apostel am 29. Juni beging er nach Ekkehard (Cod. A) in **Bamberg**, woselbst eine Fürstenversammlung stattfand. In der zweiten Hälfte des Jahres kehrte der Kaiser an den Rhein zurück; er war am 9. November in **Mainz** (St. 2944a), vom 25. Dezember zur Weihnachtsfeier in **Speier** (Ekk. Cod. A).

Giesebrecht[1]) hat darauf aufmerksam gemacht, dass Heinrich in den folgenden Jahren, wenn ihn nicht besondere Angelegenheiten in andere Teile des Reichs riefen, fast ausschliesslich in Mainz oder Speier Hof hielt. —

1100. Im Jahre 1100 scheint der Kaiser, soweit wir unterrichtet sind, die rheinfränkischen Gegenden gar nicht verlassen zu haben. Er war am 6. und 7. Januar in **Speier** (St. 2945 und 2946) und belehnte an ersterem Tage den Bamberger Domherrn Friedrich mit dem durch Hermanns Tod erledigten erzbischöflichen Stuhl von Köln (Ekk. Cod. A). Das Osterfest am 1. April feierte er nach Cosmas (III, c. 10) in **Mainz**, wo in seiner Gegenwart Bischof Hermann von Prag am 8. April die bischöfliche Weihe erhielt. Bei der Weihnachtsfeier 1100, die ebenfalls in **Mainz** stattfand (Ekk. Cod. A, Ann. Hild., Ann. Aug. u. a.), wurde, wie ein Teil der Annalen berichtet, eine Fürstenversammlung abgehalten. —

1101. Auch die ersten Monate des Jahres 1101 scheint der Kaiser, wie aus den Urkunden vom 26. März und 10. April (St. 2949 und 2950) geschlossen werden kann, in **Mainz** verbracht zu haben[2]). Gegen Ostern zog er rheinabwärts und feierte das Fest am 21. April zu **Lüttich** (Ann. s Disibodi, Ann. Saxo u. a.; cf. St. 2950a). Zweck dieser Reise

---

[1]) Kaiserzeit III, p. 688, Note.
[2]) Zu St. 2950, ebenso zu St. 2957, 2958, 2963, 2973, 2974 cf. Ficker, a. a. O. I, p. 168, II, p. 136.

war wahrscheinlich, durch sein persönliches Eingreifen 1101. die Empörung Heinrichs von Limburg zu dämpfen. Bald nach Ostern wandte er sich gegen dessen Feste Limburg, bei Verviers, östlich von Lüttich, deren Übergabe er nach kurzer Belagerung [1]) erzwang (Sigeb. Gemblac., Ann. Saxo, Ann. Leod. u. a.). Bereits vom 16. Mai besitzen wir eine Urkunde für die Abtei Lobbes (St. 2951), welche den Ausstellort Limburg trägt. Noch vor Ablauf des Monats begab sich Heinrich nach Aachen, wo er am 1. Juni urkundete (St. 2953) und bis in den Juli hinein verweilte (cf. die Urkunde vom 1. Juli, St. 2954).

Von Aachen begab sich der Kaiser über Köln nach seiner Pfalz zu Kaiserswerth. Dies ergiebt die Urkunde St. 2955, welche die Angaben enthält: „primum Colonie in nostra presentia" — „deinde cum de Colonia ad insulam Werde venissemus." Das Datum des 3. August wird wohl sicher auf die Vollziehung des Diploms zu Kaiserswerth zu beziehen sein.

Zur Feier des Weihnachtsfestes war Heinrich nach den Ann. s. Disibodi nach Mainz zurückgekehrt.

Noch bleibt eine Angabe zu erörtern, die sich bei dem Böhmen Cosmas zum Jahre 1101 findet. Derselbe berichtet (III, c. 15), dass in diesem Jahre Herzog Ulrich von Brünn, der Neffe des Königs Wratislaus von Böhmen und erbberechtigte Thronfolger, nach Regensburg zu Kaiser Heinrich IV. gekommen sei, um bei demselben Klage zu führen über seine Vertreibung durch Borivoi; der Kaiser habe ihm die Erlaubnis erteilt, gegen Borivoi zu Felde zu ziehen und ihn mit der Krone Böhmens belehnt. Der aus dieser Nachricht sich ergebende Aufent-

---

[1]) Während derselben wurde die Urkunde St. 2952 (ohne Datum) ausgestellt: „in obsidione Limburg." Dieselbe ist also wohl besser, entgegen der Anordnung von Stumpf, vor St. 2951 einzureihen, da das letztere Diplom, vom 16. Mai, mit dem Ausstellort Limburg sicher darauf schliessen lässt, dass um diesen Termin die Feste schon genommen war.

1101. halt Heinrichs in Regensburg wird wohl am wahrscheinlichsten in den Spätherbst des Jahres 1101 zu setzen sein. Zu einer genaueren Zeitangabe fehlt jeder Anhaltspunkt [1]). —

1102. Im Anfang des Jahres 1102 ging der Kaiser von Mainz nach Speier, beschützte hier am 11. Februar durch eine Urkunde (St. 2956) die Abtei Weissenburg im Elsass gegen die Anmassungen ihrer Vögte und bestätigte am 15. Februar zwei Schenkungen für das Bistum Speier (St. 2957 und 2958).

Der in diesem Jahre sich wiederholende Aufstand Roberts von Flandern erforderte ein persönliches energisches Eingreifen des Kaisers. Robert war auf Anreizung der Geistlichkeit hin in Cambray eingefallen, hatte mordend und sengend das Land durchzogen und den kaiserlichen Bischof Walcher zu Gunsten des Gregorianers Manasse vertrieben. Heinrich glaubte nicht länger zögern zu dürfen und zog mit einem Heere — wie die Annales Elnonenses maiores[2]) berichten, im Monat Oktober — nach Flandern. Nachdem er Cambray durch eine siebentägige Belagerung zur Übergabe gezwungen hatte, wandte er sich gegen die in der Umgegend liegenden Castelle und Burgen Roberts und zerstörte fünf derselben: Marquion, Patuel, Inci, Escluse und Buchain. Diese Nachrichten verdanken wir den Fortsetzungen des Chronicon Cameracense[3]) und dem Chronicon s. Andreae castri Cameracesii[4]) (III, c. 23); sie werden bestätigt durch einzelne Angaben der Annales Cameracenses des Lambert von Waterlos[5]), des Sigeb. Gemblac., Ann. Saxo und anderer

---

[1]) cf. Palacky, Geschichte Böhmens I, p. 348.
[2]) M. G. SS. V, p. 11—17.
[3]) M. G. SS. VII, p. 393—525, Gesta pontificum abbreviata per Canonicum Cameracensem, c. 9, Gestorum versio Gallica, c. 19.
[4]) M. G. SS. VII, p. 526—550.
[5]) M. G. SS. XVI, p. 509—554.

Quellen. Überall war der Kaiser siegreich gegen seine 1102. Gegner vorgedrungen; da nötigte ihn der hereinbrechende Winter zum Rückzug, ehe er die völlige Unterwerfung Roberts von Flandern erreicht hatte. Er begab sich nach Franken und feierte Weihnachten in Mainz (Ann. s. Disibodi, Ann. Hild., Ann. Aug., Ekk.). —

Am 6. Januar des Jahres 1103 verkündigte der Kaiser **1103.** zu Mainz vor den Fürsten einen allgemeinen Landfrieden auf vier Jahre und liess an demselben Tage durch den Bischof von Würzburg dem Volke seinen Entschluss kund thun, dass er die Reichsregierung seinem Sohne übergeben und selbst eine Kreuzfahrt in das heilige Land unternehmen wolle (St. 2959, Ann. Hild., Ann. Aug.). In den nächsten Monaten finden wir Heinrich in Speier, wo zwei Urkunden vom 9. Februar und 4. März (St. 2962 und 2963) seine Anwesenheit darthun. In der Folgezeit scheint er noch einmal eine Heerfahrt nach Flandern unternommen zu haben (Chron. Cam.). Doch hielt es Robert nicht für geraten, der Reichsgewalt noch länger zu trotzen, und als Heinrich das Fest der Apostel am 29. Juni zu Lüttich feierte, unterwarf er sich hier dem Kaiser und suchte dessen Versöhnung nach (St. 2964, Ann. Saxo, Sigeb. Gemblac. u. a.). Noch am 15. Juli urkundete Heinrich zu Lüttich (St. 2965); im Lauf des Sommers kehrte er an den Mittelrhein zurück. Er war am 24. September in Speier (St. 2966), am 26. September in Mainz (St. 2967).

Gegen Weihnachten ging der Kaiser nach Bayern und feierte das Fest am 25. Dezember in Regensburg (Ann. s. Disibodi, Ann. Hild., Ann. Rosenveld., Ekk.). —

Januar und Februar 1104 blieb Heinrich in Regens- **1104.** burg (cf. die Urkunden vom 14. Januar und 28. Februar, St. 2968 und 2969). Während dieses Aufenthaltes geschah

1104. hier ein Ereignis, das nicht unwesentlich dazu beitrug, seine Autorität bei den Fürsten zu untergraben; es war die Ermordung des Grafen Sieghard von Burghausen, die völlig unbestraft von Seiten des Kaisers blieb und denselben dadurch in den Verdacht brachte, als habe er die That im geheimen gebilligt. Heinrich verliess gegen die Fastenzeit hin Bayern und eilte nach Mainz, wo er am 17. April Ostern feierte (Ann. s. Disibodi, Ann. Hild., Ann. Aug., Ann. Saxo). Unmittelbar darauf kam er nach den Ann. Hild. und dem Ann. Saxo nach Lüttich. Die Angabe des Chronicon s. Huberti Andaginensis[1]) (c. 97), er habe schon das Osterfest in Lüttich gefeiert, muss gegenüber den übereinstimmenden Nachrichten der vier oben genannten Quellen als eine irrtümliche angesehen werden.

Die Urkunde St. 2970, derzufolge der Kaiser am 15. April dieses Jahres in Strassburg gewesen wäre, ist nicht für das Itinerar zu verwenden. Das Diplom selbst ist unecht, ein Aufenthalt Heinrichs zu Strassburg an dem genannten Tag höchst unwahrscheinlich, da die Strecke Strassburg — Mainz, wo am 17. April die Osterfeier stattfand, kaum in einem, oder zwei Tagen, zurückgelegt werden konnte.

Gegen Ende Mai war der Kaiser wieder nach Rheinfranken zurückgekehrt. Er beging Himmelfahrtsfest am 26. Mai und Pfingstfest am 5. Juni in Mainz (Ann. Aug., St. 2971). Sommer und Herbst hindurch scheint er in den mittelrheinischen Gegenden Residenz gehalten zu haben. Am 13. Oktober ist seine Anwesenheit in Speier bezeugt (St. 2973).

Unterdessen war durch die Zustände in Sachsen energisches Einschreiten des Kaisers in diesem Lande geboten. Den durch Hartwichs von Magdeburg Tod erledigten erzbischöflichen Stuhl bestrebten sich die Gregorianer in Sachsen auf jede Weise durch einen Mann ihrer Partei zu besetzen. Eine Gesandtschaft der Kaiserlich-Gesinnten,

---

[1]) M. G. SS. VIII, p. 565—630.

die im Frühjahr zum Hof nach Lüttich ziehen wollte, 1104. um eine Neubesetzung zu erlangen, war von dem Grafen Dietrich von Katlenburg unterwegs überfallen und gefangen genommen worden. Um diesen zu züchtigen und die sächsischen Rebellen durch einen energischen Schlag niederzuwerfen, sammelte Heinrich im Herbst ein Heer, mit dem er etwa um den 30. November vom Rhein aufbrach und durch Hessen gegen Sachsen vordrang (Ann. Hild.). Er gelangte im Dezember nach Fritzlar (Chronicon Sampetrinum Erfurtense[1]), Ann. Hild.), wo er sich einige Tage aufgehalten zu haben scheint. Hier wurde seinem Unternehmen ein rasches Ende gesetzt durch den Verrat des Sohnes, der in der Nacht des 12. Dezember heimlich aus dem Lager entwich (Ann. Hild.). Sogleich ahnte der Vater verräterische Absichten, entliess sein Heer und kehrte nach Franken zurück, wo er zu Mainz, schwer getäuscht in seinen Hoffnungen, das Weihnachtsfest beging (Ann. s. Disibodi, Ekk.). —

Während die Gregorianische Partei in Deutschland 1105. sich um die Person des jungen König Heinrich scharte und in immer grösserem Masse ihre Macht zu entfalten begann, verlebte der Kaiser stille Tage in seinen Pfalzen am Rhein. Er war am 15. Februar in Speier (St. 2974), am 9. April zur Osterfeier in Mainz (Ann. s. Disibodi), wo er die Folgezeit bis in den Sommer hinein verbracht zu haben scheint.

Gegen Ende Juni rückte König Heinrich gegen den Rhein heran, um den Vater aus Mainz zu vertreiben (Ann. Hild.). Allein derselbe hatte genügende Gegenvorkehrungen getroffen, um die Rebellen am Übergang über den Fluss zu hindern. Es wurden Verhandlungen zwischen beiden Parteien angeknüpft. Als dieselben resultatlos endigten, zog der Sohn mit seinem Heere ab, bemächtigte

---

[1]) Geschichtsquellen der Provinz Sachsen I (Halle 1870).

1105. sich Würzburgs und begann sodann — also etwa Anfang Juli — die Belagerung von Nürnberg. Unmittelbar nach dem Sohne muss auch der Vater vom Rhein aufgebrochen, den Rebellen gefolgt und, nach deren Abzug von Würzburg, selbst vor dieser Stadt erschienen sein, die ihm auch willig ihre Thore öffnete. Denn die Vita Heinrici[1]) (c. 9) berichtet, dass der Kaiser sich während der ganzen Belagerung Nürnbergs in Würzburg aufgehalten habe (cf. auch Cod. Udalr. J. 121, 122). Nach dem Falle Nürnbergs zog der Sohn nach Regensburg, und der Vater folgte ihm dahin mit gesammeltem Heer. Wie die Ann. Hild. berichten, müsste dies um den 1. August geschehen sein. Allein dieses Datum ist, wie Giesebrecht[2]) erkannt hat, offenbar irrtümlich. Denn nach einer Angabe Ekkehards, die wohl kaum in Zweifel gezogen werden kann, dauerte die Belagerung Nürnbergs zwei oder mehrere Monate; der Fall der Stadt kann also, da die Belagerung erst Anfang Juli begann, nicht früher als im September erfolgt sein. Der Kaiser war demnach in Würzburg etwa von Anfang Juli bis in den September hinein; dann zog er gegen Regensburg, wohin sich der Sohn nach der Einnahme Nürnbergs begeben hatte. Als derselbe vom Herannahen des Vaters Kunde erhielt, räumte er die Stadt, und jener konnte ungehindert seinen Einzug in dieselbe halten. Zahlreiche Streitkräfte sammelten sich nun von allen Seiten um seine Person. Doch schon zog auch der König wieder mit einem Heere heran und lagerte mit demselben auf dem rechten Ufer des Regen, gegenüber dem Heere des Kaisers (Ann. Hild., Vita, Ekk.). Drei Tage lagen sich nach Ekkehard Vater und Sohn am Regen gegenüber, vergeblich einer Entscheidung durch das Schwert entgegenharrend. Allein wiederum umgarnte Verrat den alten Kaiser; durch Boten heimlich benachrichtigt, dass er seines Heeres nicht sicher sei, hielt er es

---

[1]) M. G. SS. XII, p. 268—283.
[2]) Kaiserzeit III, p. 1187.

für geraten, sich durch rechtzeitige Flucht den Ränken des Sohnes zu entziehen. In der Nacht verliess er das Lager und eilte nach Cosmas' Angabe (III, c. 18) über Netolitz nach Böhmen, wo er ehrenvolle Aufnahme bei Borivoi fand.

Derselbe geleitete den Flüchtling alsdann bis auf die Höhen des Erzgebirges, wo er ihn seinem Schwager, dem Grafen Wiprecht von Groitsch zur ferneren Begleitung übergab[1]). Unter dem Schutze des letzteren zog Heinrich durch Sachsen an den Rhein und traf etwa gegen Ende Oktober in Mainz ein (Ann. Hild.).

Unterdessen war auch der Sohn wieder mit seinem Heere gegen den Rhein herangerückt, überschritt denselben und nahm am 31. Oktober Speier (Ann. Hild.). An demselben Tage, wie es scheint, oder auch an dem folgenden, dem 1. November, brach der Kaiser von Mainz gegen Speier auf, um die Rettung dieser Stadt zu versuchen. Als er aber unterwegs erfuhr, dass die Feinde den Rhein schon überschritten hätten, Speier also wahrscheinlich schon genommen sei, kehrte er um und zog eiligst nach Mainz zurück (Ann. Hild.). Dann schickte er Boten an den Sohn, um Schonung seiner in dieser Stadt bittend. Als er darauf eine abschlägige Antwort erhielt, liess er alle Hoffnung auf Widerstand sinken und verliess das treue Mainz, um sich zunächst nach der Feste Hammerstein zu begeben (Ann. Hild.). Dann zog er weiter rheinabwärts nach Köln, wo er durch Urkunden späterhin am 24. November und 3. Dezember nachgewiesen ist (St. 2975 und 2976).

Unterdessen war durch den König auf Ende Dezember ein Reichstag nach Mainz berufen worden. Der Mut des Kaisers hatte sich wieder gehoben; er dachte daran, jenen Tag zu vereiteln und brach zu diesem Zwecke von Köln

1105.

---

[1]) So berichtet der Mönch von Opatowic (Annales Gradicenses, M. G. SS. XVII, p. 641—652) cf. Ekk. und Cosmas III, c. 18.

1105. gegen den Mittelrhein auf (Ann. Hild.). König Heinrich zog dem Vater stromabwärts entgegen und traf mit demselben bei Koblenz zusammen (Ann. Hild.). Hier erfolgte die scheinbare Unterwerfung des Sohnes: Derselbe versprach dem Vater, ihn sicher zur Weihnachtsfeier nach Mainz zu geleiten. Diese Zusammenkunft fällt auf den 20. Dezember. Noch an demselben Tage, wie es scheint, brachen Vater und Sohn zusammen in der Richtung gegen Mainz hin auf. Wo die erste Nachtherberge genommen wurde, ist unbekannt. Die Annahme Flotos[1]), dass dies etwa in der Gegend von Boppard geschah, ist rein willkürlich und geht durchaus nicht, wie er angiebt, aus dem Berichte der Vita hervor. Am folgenden Tage gelangte man bis Bingen, wo die Nacht verbracht wurde. Hier erfolgte am nächsten Tage, dem 22. Dezember, die Gefangennahme des Kaisers und seine Verbringung nach der Burg Böckelheim im Nahethal.

Das Datum der Gefangennahme erhellt aus dem Briefe Heinrichs an König Philipp von Frankreich[2]) und wird bestätigt durch die Annales Blandinienses[3]) und Annales Aquenses, nur dass die letzteren irrtümlich schon zu Koblenz den Verrat geschehen lassen. Aus dem Datum der Gefangennahme sind dann rückwärtsschreitend die der vorhergehenden Ereignisse zu gewinnen.

Die Darstellung dieser Dinge, wie ich sie in Obigem gegeben habe, beruht auf des Kaisers eigenem Berichte, wie er sich in seinem Schreiben an den Abt von Cluny[4]) findet. Etwas anders würde sich die Sache gestalten, wenn man der Autorität der Hildesheimer Annalen folgte. Nach ihrem Berichte wäre der Kaiser erst am 21. Dezember von Koblenz aufgebrochen, d. h. er hätte die Strecke von da bis Bingen an einem Tage zurückgelegt.

---

[1]) a. a. O. II, p. 401.
[2]) Jaffé, Bibl. V, Nr. 129.
[3]) M. G. SS. V, p. 20—34.
[4]) d'Achery, Spicilegium III, p. 441 ff.

Doch werden die Angaben in dem kaiserlichen Briefe, als 1105. der zuverlässigsten Quelle, dem Berichte der Hildesheimer Annalen vorzuziehen sein.

In niedriger Gefangenschaft, aller fürstlichen Ehren beraubt, verbrachte der Kaiser die Weihnachtsfeiertage in Böckelheim. Am 31. Dezember wurde er nach Ingelheim verbracht und hier gezwungen, vor den versammelten Fürsten und Bischöfen seine Abdankung auszusprechen (Ann. Hild., Ekk. u. a.). —

Nach Schluss dieser denkwürdigen Reichsversammlung 1106. verliess König Heinrich Ingelheim, indem er den Vater in der Burg zurückliess, mit dem Befehl, seine Rückkehr abzuwarten. Allein einige Wochen hindurch harrte der Kaiser vergeblich; seine Lage war die eines Gefangenen. Da entschloss er sich, von einigen Getreuen gewarnt, zur Flucht. Es gelang ihm, sich den Augen seiner Wächter zu entziehen und auf einem Schiffe nach Köln zu entkommen (Ann. Hild., Ann. Bland.). In welche Zeit Heinrichs Flucht und Ankunft in Köln zu setzen ist, kann aus den Quellen nicht ersehen werden. Die Vermutung Druffels[1]), jenes Ereignis falle wohl in die zweite Hälfte des Februar, halte ich für unwahrscheinlich in Anbetracht des ausgedehnten Itinerars, das zwischen des Kaisers Aufenthalt in Köln und seinem Aufenthalt in Lüttich am 25. März nachgewiesen ist (s. u.). Ich glaube vielmehr, dass der Kaiser schon Anfang, spätestens Mitte Februar nach Köln gelangte.

Von da begab er sich, wie das Chron. s. Hub. Andag. (c. 97) berichtet, bei der schärfsten Winterkälte[2]) barfuss nach Aachen, vielleicht um dadurch, wie Giesebrecht[3])

---

[1]) a. a. O. p. 71.
[2]) „in asperrima hieme"; auch diese Worte der angeführten Quelle deuten darauf, dass Heinrichs Flucht nach Köln nicht so sehr spät anzusetzen ist.
[3]) Kaiserzeit III, p. 752.

1106. vermutet, demonstrativ seine Ergebung gegen die Kirche darzuthun. Von der alten Kaiserpfalz wurde er durch Bischof Otbert nach Lüttich geleitet, wo ihm eine sehr ehrenvolle Aufnahme durch die Bürgerschaft zu Teil wurde (Ann. Hild., Ann. Bland., Jaffé, Bibl. V, 129). Wiederum begannen sich eine Menge reichstreuer Elemente um ihren alten Herrn zu scharen, und der Mut des nimmermüden Kämpfers fing an, sich von neuem zu heben. Um sich für die Folgezeit auch die Unterstützung Roberts von Flandern zu sichern, veranstaltete er mit demselben eine persönliche Zusammenkunft in Antwerpen. Dies berichten die Gesta abb. Trudon. (p. 260); dieselben erzählen, dass Heinrich auf dem Wege dorthin das Kloster St. Trond berührte und hier eine Nacht verbrachte. Von Antwerpen kehrte er nach Lüttich zurück und feierte daselbst am 25. März das Osterfest (Ann. Hild.). Unmittelbar darauf begab er sich nach Köln (Ann. Hild.), wo er dem Chron. s. Hub. Andag. (c. 98) zufolge fast den ganzen April hindurch verweilte. Wohl schon im folgenden Monat kehrte er nach Lüttich zurück, um hier noch grössere Streitkräfte zu sammeln.

Wie es scheint, hat Heinrich die getreue Stadt nicht mehr lebend verlassen. Während der junge König nach seinem missglückten Angriff auf Köln sich in Aachen aufhielt und von hier aus wiederum Verhandlungen mit dem Vater eröffnete, wurde der Kaiser am 7. August 1106 zu Lüttich vom Tode ereilt (Ann. Leod., Ann. Bland., Ann. Aq. u. a.). Die Hildesheimer Annalen nennen irrtümlich den 1. August als Todestag. —

Mit dem Leben des Menschen pflegt sein Itinerar zu Ende zu sein. Das Itinerar Heinrichs IV. reicht über seinen Tod hinaus. Auch im Grabe gönnte ihm der Hass der Priester keine Ruhe.

Die Leiche des Kaisers wurde in der Lambertuskirche zu Lüttich beigesetzt (Ann. Hild.). Ein allgemeiner

Sturm der Entrüstung erhob sich in den Reihen der Gegner über die Entweihung des Doms, und Bischof Otbert wurde gezwungen, die kaiserliche Leiche am 15. August wieder ausgraben zu lassen (Sigeb. Gemblac. Hs. A). Sie wurde nun, wie dieselbe Quelle berichtet, in einer ungeweihten Kapelle auf dem Corneliusberg, jetzt Cornillon, einer Anhöhe auf dem rechten Ufer der Maas, unweit Lüttich, aller königlichen Ehren entbehrend, eingescharrt. Diese Nachricht wird bestätigt durch eine Quelle des 13. Jahrhunderts, die Gesta Leodiensium pontificum des Aegidius Aureae-Vallis[1]).

1106.

Die weitverbreitete, auf einer Angabe der Ann. Hild. beruhende Legende, dass Heinrichs IV. Leiche auf einer Maasinsel geruht habe, wurde von Giesebrecht[2]) bereits als solche erkannt und zurückgewiesen.

Nicht lange nachher verlangte König Heinrich die Auslieferung von des Vaters Überresten und schickte Gesandte nach Lüttich, die dieselben nach Speier überbringen sollten. Die Leiche wurde, nachdem sie nur neun Tage auf dem Corneliusberg geruht hatte, am 24. August ausgegraben und zunächst nach Lüttich zurückgebracht (Sigeb. Gemblac. Hs. A). Hier bemächtigte sich das Volk derselben, zog mit ihr in den Dom und ehrte den toten Kaiser, wie die Gebeine eines Heiligen. Nur mit Mühe brachten die königlichen Gesandten den Sarg wieder in ihre Gewalt; am 3. September langte derselbe nach den Ann. Hild. in Speier an und wurde feierlich im Dom in der Basilica s. Mariae beigesetzt. Jedoch abermals gelang es dem Fanatismus des Bischofs Gebhard von Speier, die Rache der Kirche an dem Toten zu vollziehen. Zum drittenmal wurde die Leiche ausgegraben und in der ungeweihten Afrakapelle neben dem Dom beigesetzt (Ann. Hild.).

---

[1]) bei Chapeaville, Gesta pontif. Tungr. II, p. 46.
[2]) Kaiserzeit III, p. 1190.

1111. Fünf Jahre verflossen. Die Lage der Dinge war eine veränderte. Heinrich V. hatte einen glänzenden Sieg über den Papst errungen und zwang denselben, den Bann, der über dem toten Vater ruhte, zu lösen. Am 7. August 1111 wurde die Leiche des Kaisers wiederum im Dom zu Speier eingesenkt (Ann. Hild.). Genau fünf Jahre, nachdem Heinrich IV. sein Auge geschlossen hatte, fand er seinen endgiltigen Ruheplatz neben den Gräbern seiner Ahnen. —

Tabellarische Übersicht des Itinerars.

(Ein eingeklammertes (O) bei dem Datum bedeutet = Ostern, ein eingeklammertes (P) = Pfingsten.)

			Seite
1050.	11. November	Heinrich IV. geboren	1
	25. Dezember	Pöhlde	1
1051.	31. März (O)	Köln	1
1052.	—		
1053.	Herbst	Tribur	2
	25. Dezember	Ötting (am Inn)	2
1054.	17. Juli	Aachen	2
1055.	25. Dezember	Zürich	3
1056.	13. Mai	Goslar	3
	5. Oktober	Bodfeld (im Harz)	3
	Oktober	Aachen	4
	5., 6. Dezember	Köln	4
	25. Dezember	Regensburg	4
1057.	4.—9. Februar	Neuburg (an der Donau)	5
	30. März (O)	Mainz	5
	4., 5. April	Worms	5
	23.—25. April	Kaiserswerth	5
	Mai (?)	Paderborn	5
	26. Mai	Corvei	5
	29. Juni—3. Juli	Merseburg	6
	Anfang August (?)	Kessel (bei Cleve)	6 ff.
	16., 17. August	Tribur	6
	12. Oktober	Speier	6
	4. November	Ebsdorf (zwischen Giessen u. Marburg)	9
	18. November	Eschwege (an der Werra)	9
	25. Dezember	Goslar	9 ff.
	27. Dezember	Pöhlde	9
1058.	Januar (?)	Zug gegen die Friesen	12 ff.
	7. Februar	Goslar	10
	3. März	Minden	10
	19. April (O)	? {Merseburg / Magdeburg}	10
	7. Juni (P)—15. Juni	Augsburg	11
	13. September	Trübensee (b. Tulln a. d. Donau)	11

			Seite
1058.	20. September	Marchfeld	11
	25. September	Trübensee	11
	1. Oktober	Prinzersdorf (bei S. Pölten)	11
	2. Oktober	Ips (bei Mölk)	11
	4. Oktober	Dürrenbuch (zwischen Enns und Ips)	11 ff.
	18. Oktober	Regensburg	11
	26. Oktober	Weissenburg (an der Rezat)	12
	25. Dezember	Strassburg	12
1059.	5.—14. Februar	Mainz	13
	24. Februar—4. März	Aachen	13
	14. März	Kaiserswerth	13
	Nach Mitte März (?)	Utrecht	14
	4. April (O)	Magdeburg	13 ff.
	27. Mai—1. Juni	Goslar	14
	27. Juli	Pöhlde	14
	22. August	Goslar	14
	15. Oktober	Speier	15
	1. November	Augsburg	15
	22. November	Neuburg	15
	1. Dezember	Weissenburg (an der Rezat)	15
	25. Dezember	Freising	15
1060.	6. Januar	Ötting	15
	8. Februar	Bamberg	15
	Mitte März (?)	Wallhausen (in der goldenen Aue)	16
	26. März (O)	Halberstadt	15
	19. April—8. Mai	Goslar	16
	21., 22. Juni	Corvei	16
	30. August	Worms	16
	25. Dezember	Mainz	16
1061.	Mitte Januar—18. Februar	Regensburg	17
	7. März	Nürnberg	17
	18. Juni	Allstädt (südöstlich von Sangershausen)	17
	Juli (?)	Gross-Borschel (a. d. Werra)	17
	Juli (?)	Elten (bei Cleve)	18
	1. August	Stablo (südöstl. v. Lüttich)	17
	Zwischen dem 1. und 15. August (?)	Langen (südl. von Frankfurt)	21
	15. August	Augsburg	18 ff.
	28. Oktober	Basel	21

			Seite
1061.	31. Oktober	Schachen (nördl. v. Waldshut)	22
	5. November	Donaueschingen	22
	25. November	Ladenburg (am Neckar)	22
	25. Dezember	Goslar	22
1062.	4. Februar	Allstädt	22
	24. Februar — 13. März	Goslar	22
	19. März	Paderborn	22
	31. März (O)	Utrecht	22
	Anfang April	Kaiserswerth	22
	April — Juni	Köln	22
	13. Juli	Hersfeld	23
	19. Juli	Mainz	23
	23. August	Neuss (bei Düsseldorf)	23
	21. September	Kesselwald	23
	14. Oktober	Seligenstadt (am Main)	23
	24. — 29. Oktober	Augsburg	23
	26. Novemb. — 16. Dezemb.	Regensburg	23
	25. Dezember	Freising	23
1063.	29. — 31. Januar	Worms	26
	20. April (O) — 14. Juni	Goslar	26 ff.
	24. — 27. Juni	Allstädt	27
	Anfang Juli (?)	Quedlinburg	27 ff.
	14. Juli — 7. August	Goslar	27 ff.
	Mitte August	Mainz	28
	20. August	Erlangen	28
	27. September	an der Fischa (unterh. Wien)	29
	Ende September (?)	Wieselburg (Ungarn)	29
	Anfang Oktober (?)	Stuhlweissenburg	29
	24. — 26. Oktober	Regensburg	29
	25. — 28. Dezember	Köln	29
	30. Dezember	Bonn	30
1064	13. — 17. Januar	Tribur	30
	2. — 8. Februar	Augsburg	30
	23. Februar	Basel	30
	1. März	Strassburg	30
	11. April (O) — 15. April	Lüttich	30
	30. April — 2. Mai	Kaiserswerth	30
	11. Juli	Allstädt	31
	19. — 31. Juli	Goslar	31
	2. Oktober	Halle	31
	26. Oktober	Magdeburg	31

			Seite
1064.	18. November	Quedlinburg	31
	5. — 25. Dezember	Goslar	31
1065.	Nach Mitte März (?)	Lorsch	31 ff.
	27. März (O) — 29. März	Worms	31 ff.
	31. März — 5. April	Mainz	32 ff.
	1. Mai	Regensburg	33
	15. Mai (P) — 20. Mai	Augsburg	33
	22. Mai	Günzburg (östl. von Ulm)	33
	31. Mai	Reichenau	33
	8. — 11. Juni	Basel	33
	Mitte Juni (?)	Blamont (östl. von Lunéville)	33
	20. Juni	Toul	33
	1. August	Trier	33 ff.
	8. August	Tribur	34
	18. August	Gerstungen	34
	30. August	Goslar	34
	6. September	Oschersleben	35
	27. September	Bossenleben	35
	16. Oktober — (?) 1. Novbr.	Goslar	35
	19. November — 8. Dezbr.	Corvei	35
	Mitte Dezember (?)	Ingelheim	35
	25. Dezember	Mainz	35
1066.	Januar	Tribur	36
	20. Februar	Worms	37
	12. März	Rheinbach (südw. von Bonn)	37
	März	Aachen	37
	16. April (O)	Utrecht	37
	Mai	Dortmund	38
	Ende Mai	Fritzlar	38
	4. Juni (P)	Hersfeld	38
	29. Juni	Würzburg	38
	13. Juli	Tribur	38
	Herbst (?)	Stablo	39
	Herbst (?)	Ebsdorf	38 ff.
	16. November	Eckartsberga (nordöstl. von Weimar)	38
	3. Dezember	Goslar	38
	25. Dezember	Bamberg	39
1067.	Anfang Februar	Augsburg	40
	5., 6. März	Regensburg	40
	Ende März (?)	Wiehe (südl. von Allstädt)	40
	8. April (O)	Goslar	40

			Seite
1067.	8. Juni	Reichenau	40
	Juni (?)	Pforzheim	40
	Juni (?)	Bruchsal	40
	Juli (?)	Speier	40
	Juli (?)	Marhowa (bei Lorsch)	40
	Juli (?)	Mainz	40
	August (?)	Aachen	41
	11. November — 24. Dezbr.	Goslar	41
1068.	14. Mai	Dortmund	41
	29. Mai	Soest	41
	23. — 26. Juni	Mainz	41 ff.
	12. August	Berstadt (zwischen Frankfurt und Giessen)	42
	8. September	Augsburg	42
	18. Oktober	Meissen	42
	28. Oktober	Rochlitz (an der Mulde)	42
	25. Dezember	Goslar	42
1069.	3. Januar	Goslar	42
	Februar — März (?)	Zug gegen die Liuticen, über die Elbe	43
	12. April (O)	Quedlinburg	43
	Mai (?)	Köln (?)	43 ff.
	31. Mai (P), 1. Juni	Mainz	43 ff.
	Juni	Worms	44
	Juli (?)	Regensburg	44
	Juli (?)	Thüringen (Burg Beichlingen und Scheidungen)	44
	Juli (?)	Mühlhausen (in Sachsen)	44
	15. August	Tribur	44
	23. September — 8. Oktob.	Frankfurt	45
	26., 27. Oktober	Merseburg	45
	November (?)	Goslar	45
	4. Dezember	Allstädt	45
	14. Dezember	Haina (nordwestl. v. Gotha)	45
	25. — 29. Dezember	Freising	45
1070.	2. Februar	Augsburg	46
	Ende Februar (?)	Weissenburg (an der Rezat)	49 ff.
	4. April (O)	Hildesheim	46
	11. April	Goslar	46
	13. Mai	Quedlinburg	46
	23. Mai (P)	Merseburg / Meissen	46

			Seite
1070.	7. Juni	Berstadt	46 ff.
	ca. 9. — 15. Juni (?)	Mainz	46 ff.
	16. Juni	St. Goar	46 ff.
	23. — 25. Juni	Aachen	46 ff. 49
	1. — (?) 6. August	Goslar	50
	August	Desenburg (bei Paderborn)	50
	August	Westfalen	50
	September — Ende Dezbr.	Goslar	51
1071.	6. Januar	Goslar	51
	Februar (?)	Hessen	51
	6. März	Augsburg	51
	26. März	Basel	51
	3. April	Strassburg	51
	Mitte April	Hammerstein (am Rhein)	51
	24. April (O)	Köln	51
	7.—11. Mai	Lüttich	52
	12., 13. Juni (P)	Halberstadt	52
	ca. Anfang Juli (?)	Bardewik (bei Lüneburg)	53
	vor dem 30. Juli	Hersfeld	54
		Utenhusen (bei Hersfeld)	54
	30. Juli	Hersfeld	54
	15. — 18. August	Mainz	54
	Ende August (?)	Lorsch (?)	54
	September (?)	Meissen	55
	4. Oktober	Merseburg	55
	28. November (?) — 11. Dezember	Goslar	55
	25. — 29. Dezember	Worms	55
1072.	1. Januar	Lorsch	56
	9. Januar (?) — 4. Februar	Regensburg	56
	März	Goslar	56
	1. April	Köln	56
	8. April (O)	Utrecht	56
	27. April	Aachen	56
	17. Mai	Goslar	56
	27. Mai (P)	Magdeburg	56
	25. — 27. Juli	Worms	57
	25. Dezember	Bamberg	57
1073.	10. März	Erfurt	57
	24. März	Eichstädt	57 ff.
	31. März (O)	Regensburg	57
	19. Mai (P) — 24. Mai	Augsburg	58

			Seite
1073.	29. Juni	Goslar	58
	ca. Mitte Juli — 9. August	Harzburg	58 ff.
	12. August	Eschwege	60
	13. August	Hersfeld	60
	18. August	Kappel (südwestl. von Hersfeld)	60 ff.
	ca. Ende August	Tribur	61
	September (?)	Worms	61
	ca. Mitte Oktober — 1. November	Würzburg	62
	November	Nürnberg	62
	November	Regensburg	62
	Anfang Dezember (?)	Ladenburg	63
	Dezember	Worms	63
	Dezember	Oppenheim	63
	25. Dezember	Worms	63
1074.	18. Januar	Worms	63
	27. Januar	Hersfeld	63
	27., 28. Januar	Breitenbach (an der Fulda)	64
	2. Februar	Gerstungen	64
	Februar — Mitte März	Goslar	64
	22. März	Fritzlar	65
	März (?)	Berstadt	65
	März (?)	Rommelshausen (nördl. von Hanau)	65
	Ende März (?) — Mitte April	Worms	65
	20. April (O)	Bamberg	65
	ca. Anfang Mai	Nürnberg	65
	25. Mai	Regensburg	65
	Ende Mai (?)	Augsburg (?)	66
	8. Juni (P) — 29. Juni	Mainz	66
	ca. 1. Juli	Andernach	66
	Juli	Köln	66
	Juli	Aachen	66
	Mitte Juli	Worms	66
	August — September	Ungarn (Bis Waitzen)	66 66
	Anfang Oktober	Worms	67
	26. November	Regensburg	67
	Dezember	Augsburg	67
	Dezember	Reichenau	67
	25. Dezember	Strassburg	67

			Seite
1075.	Januar	Mainz	67
	2. Februar	Augsburg	67
	5. April (O) — 28. Mai	Worms	67
	8. Juni	Breitenbach	68
		Marsch bis Oberellen bei (Eisenach).	
	9. Juni	Marsch bis Behringen	68
		Schlacht an der Unstrut.	
	Juni	Halberstadt	69
	Juni	Goslar	69
	Anfang Juli (?)	Eschwege	69
	Mitte Juli (?)	Worms	69
	September	Böhmen	69
	September	Meissen	69
	September	Böhmen	69
	Anfang Oktober (?)	Regensburg	69
	9. Oktober	Worms	69
	22. Oktober	Gerstungen	70
	27. Oktober	Spier (zwischen Greussen und Kindelbrücken)	70
	Ende Oktober	Hasenburg (bei Nordhausen)	70
	11. November	Worms	70
	30. November	Bamberg	70
	25. Dezember	Goslar	71
1076.	Anfang Januar	Goslar	71
	24. Januar	Worms	71
	Februar — 6. März	Goslar	71
	Mitte März	Köln	71
	27. März (O)	Utrecht	71
	21. April	Aachen	72
	15. — 23. Mai	Worms	72
	29. Juni	Mainz	72
	27. Juli	Regensburg	73
	August	Böhmen	73
	August	Mark Meissen bis zur Mulde	73
	August	Böhmen	73
	August	Bayern	73
	Ende August (?)	Worms	73
	16. Oktober — Ende Oktober	Oppenheim	73
	November — ca. 20. Dezember	Speier	74

			Seite
1076.	25., 26. Dezember	Besançon	74
	Ende Dezember (?)	Genf	74
1077.	Anfang Januar (?)	Mons Cenis	74
	Januar	Turin	75
	Januar	Vercelli	75
	Januar	Pavia	75
	25.—28. Januar	Kanossa	75
	Ende Januar	Reggio	76
	3. Februar	Bianello	76
	17. Februar	Piacenza	76
	4. März	Verona (?)	77
	3. April	Pavia	77
	9. April	Verona	78
	16. April (O)	Aquileja	78
	1. Mai	Regensburg	78
	Mai	Schwaben	78
	Ende Mai (?)	Ulm	78
	Anfang Juni	Bayern	78
	11.—13. Juni	Nürnberg	78
	1. Juli	Mainz	79
	Ende Juli (?)	Worms	79
	13. August	Mainz	79
	August	am Neckar	79
	August	Wiesloch (südl. v. Heidelberg)	79
	8. September	Augsburg	80
	September	Regensburg	80
	30. Oktober	Worms	80
	November, Dezember	Bayern	80
	25., 26. Dezember	Regensburg	80
1078.	Anfang Januar (?)	Passau	81
	Februar	Ostbayern	81
	20. März	Regensburg	81
	25. März	Würzburg	81
	1. April	Mainz	81
	8. April (O)	Köln	81
	April	Mainz	81
	Ende April (?)	Metz	81
	Anfang Mai (?)	Strassburg	82
	27. Mai (P)	Regensburg	82
	7. August	Schlacht bei Melrichstadt	82
	Mitte August	Würzburg	82
	Oktober	Regensburg	82

			Seite
1078.	November	Schwaben	82
	ca. Mitte November	Tübingen	82
	25. Dezember	Mainz	83
1079.	6. Januar	Trier	83
	27. Januar	Mainz	83 ff.
	Februar (?)	Speier	84
	24. März (O) — 30. März	Regensburg	84
	April	Ostbayern, über die Grenzen Ungarns	84
	12. Mai (P) — 23. Juli	Regensburg	85
	16. August	Nürnberg	85
	Nach dem 16. August	Würzburg	85
	September	Sachsen	85
	September (?)	Fritzlar	85
	19. Oktober	Hirscheid (zwischen Bamberg und Forchheim)	85
	24. Oktober	Regensburg	85
	November (?)	Schwaben	86
	25. Dezember	Mainz	86
1080.	Anfang Januar	Mainz	86
	27. Januar	Schlacht bei Flarchheim (südl. von sächs. Mühlhausen)	86
	Februar	Regensburg	86
	12. April (O)	Lüttich	86
	31. Mai (P)	Mainz	87
	25. — 29. Juni	Brixen	87
	22. Juli	Nürnberg	87
	August (?)	Mainz	87
	Oktober	Thüringen, Erfurt, Marsch gegen die Elster	88
	15. Oktober	Schlacht an der Grune	88
	7. Dezember	Speier	88
	Mitte Dezember (?)	gegen Sachsen	88
1081.	18. März	Regensburg	88
	Nach dem 18. März	Ulm	89
	Ende März	Brenner	89
	4. April (O)	Verona	89
	14. April	Mailand	89
	April (?)	Pavia	89
	Anfang Mai (?)	Ravenna	89
	21. Mai — Ende Juni	vor Rom	89 ff.
	10. Juli	Siena	90

		Seite
1081. Mitte Juli	Pisa	90
19., 20. Juli	Lucca	90
3.—14. Dezember	Parma	90
1082. Ende Februar (?)	Aufbruch von Oberitalien	90
Ende Februar (?)	Rimini (?)	91 ff.
März (?)	Borgo San Sepolcro (?)	91 ff.
März (?)	Foligno (?)	91 ff.
März	Terni (an der Nera) (?)	91
17. März	Farfa	91
Nach dem 17. März	Fara	92
ca. 20. März	Ankunft vor Rom	92
24. April (O)	Albano	93 ff.
Ende April	Aufbruch von Rom	96
Anfang Mai (?)	Tivoli	96
28. Juli	Pavia	96
6. November	Palosco (am Oglio)	96
15. November	Verona	97
Dezember	Übergang über den gefrorenen Po	97 ff.
Dezember	Ankunft vor Rom	97 ff.
1083. Januar, Februar, März	vor Rom	98
9. April (O)	Santa Rufina (nordwestl. von Rom)	98
24. Mai	Pusterulo (am Petroso)	98
3. Juni	Einnahme der Leostadt	98
3. Juni—Ende Juni	Rom	98
3., 4. Juli	Sutri	99
Sommer	Lombardei	99
ca. 11. November	bei San Maria Fercossi	99
Mitte November	Rom (Leostadt)	99
25. Dezember	St. Peter	100
1084. Februar	Campanien, Apulien	100
März	Rieti (nordöstl. von Rom)	100
21. März	Einzug in Rom	100
21. März—21. Mai	Rom	101
22. Mai	Civita Castellana	101
23. Mai	Sutri	101
24. Mai	Borgo s. Valentano (bei Viterbo)	101
ca. 28. Mai	Siena	101
5. Juni	Pisa	102
17., 18. Juni	Verona	102

			Seite
1084.	Ende Juni — über Mitte Juli	Regensburg	102
	24. Juli — 6. August	am Lech	102
	7. August	Augsburg	103
	Mitte August (?)	Regensburg	103
	4. Oktober	Mainz	103
	16. Oktober	Metz	103
	24. November	Mainz (?)	103
	25. Dezember	Köln	103
1085.	Nach dem 20. Januar	Fritzlar	104
	Februar (?)	Sachsen	104
	4.—11. Mai	Mainz	104
	1. Juni	Metz	104
	ca. 1. Juli	Sachsen	104
	Juli	Magdeburg	104
	Juli — August	Sachsen	104
	September	Flucht aus Sachsen	105
	9. November	Regensburg	105
	28. Dezember	Worms	105
1086.	1. Januar	Worms	105
	11., 12. Januar	Speier	105
	14. Januar	Worms	105
	27. Januar	Aufbruch nach Sachsen	105
	7. Februar	Wechmar (bei Gotha)	105
	Februar	bis zur Bode	105
	März	Mainz	105
	3.—29. April	Regensburg	106
	18. Juni	Würzburg	107
	11. August	Schlacht bei Pleichfeld (bei Würzburg)	107
	Mitte August	Flucht an den Rhein	107
	Ende August (?)	Würzburg	107
	Dezember	Bayern	107
1087.	Mai	Aachen (?)	108
	1. August	Speier	108
	Gegen Mitte Oktober (?)	gegen Sachsen	109
	Oktober (?)	Hersfeld	109
	1. November (29. Oktober)	Utrecht	110
	25. Dezember	Aachen	110
1088.	16. April (O) — 29. April	Aachen	111
	Sommer (?)	Sachsen	111
	Sommer (?)	Quedlinburg	111

			Seite
1088.	10. August	Mainz	111
	14. August — 24. Dezember	vor Gleichen (Thüringen)	112
	Ende Dezember	Bamberg	112
1089.	2. Januar	Bamberg	113
	1. Februar	Regensburg	113
	5. April	Metz	113
	Sommer (?)	Köln	113
	9. August	Mainz	113
	14. August	Bamberg	113
	September — Oktober (?)	Sachsen	114
	25. Dezember	Regensburg	113
1090.	14.—19. Februar	Speier	114
	Ende März	Aufbruch nach Italien	114
	10. April	Verona	114
	Mai	vor Mantua	114
	26. Juni	Rivalta (oberhalb Mantua)	114
	Juni	Governolo (am Mincio)	114
	Sommer — Herbst (?)	vor Mantua	114
	Ende November — 25. Dezember	Verona	115
	31. Dezember	Padua	115
1091.	6. Januar	Padua	115
	11. April	Einzug in Mantua	115
	18. April	Mantua	115
	5. Mai	Bassano (südl. von Brescia)	115
	Mai (?)	Botticino (östl. von Brescia)	115
	17. Mai	Mantua	116
	23. Mai — 5. Juni (?)	Vicenza (?)	116
	Sommer	vor Piadena (am Oglio) / vor Nogara (östl. v. Mantua) / Einnahme von Manerbio (bei Brescia)	116
	August, September	Verona	116
	November (?)	Schlacht bei Tricontai (südl. von Vicenza)	116
	Ende Dezember (?)	Mantua	116
1092.	1.—4. Januar	Mantua	117
	Juni	Aufbruch über den Po	117
	Sommer	Monte Morello / Monte Alfredo (am Tanaro)	117

			Seite
1092.	August, September . . .	vor Monteveglio (südöstl. von Mutina)	117
	Anfang Oktober (?) . . .	Reggio	118
	Oktober (?)	San Paolo (bei Kanossa) .	118
	Oktober (?)	Niederlage bei Kanossa . .	118
	Oktober (?)	Bajano	118
	November, Dezember . .	Pavia	118
1093.	25. April — 12. Mai . . .	Pavia	119
	?	Mantua	119
	25. Dezember	Verona	119
1094.	?	Treviso	119
1095.	13. Februar	Verona (? ?)	121
	März — 31. Mai . . .	Padua	120
	Juni (?)	Venedig	120
	Juni	Mestre (bei Venedig) . . .	120
	Juni	Verona	120
	?	vor Nogara	120
	7. Oktober	Garda	120
1096.	Juli	Verona	121
	Dezember	Padua	121
1097.	Ende April	Aufbruch von Italien . . .	121
	15. Mai	Nussdorf (südöstl. von Rosenheim am Inn)	121
	24. Mai (P) — 14. Juni .	Regensburg	121
	Juli (?)	Nürnberg	121
	21. August	Würzburg	122
	September — November (?)	Speier	122
	ca. 1. Dezember . . .	Mainz	122
	25. Dezember	Strassburg	122
1098.	Januar (?)	Worms	122
	Februar	Aachen	122
	10. Mai	Mainz	122
	23. Mai	Köln	123
	25. Dezember	Köln	123
1099.	6. Januar — 10. Februar .	Aachen	123
	10. April (O) — 30. April	Regensburg	123
	29. Juni	Bamberg	124
	9. November	Mainz	124
	25. Dezember	Speier	124
1100.	6., 7. Januar	Speier	124

			Seite
1100.	1. April (O) — 8. April	Mainz	124
	25. Dezember	Mainz	124
1101.	26. März — 10. April	Mainz	124
	21. April (O)	Lüttich	124
	16. Mai	Limburg	125
	1. Juni — 1. Juli	Aachen	125
	Juli	Köln	125
	3. August	Kaiserswerth	125
	Herbst (?)	Regensburg	125
	25. Dezember	Mainz	125
1102.	11. — 15. Februar	Speier	126
	Oktober	Flandern	126
		Zerstörung von Marquion, Patuel, Inci, Escluse, Buchain.	
	25. Dezember	Mainz	127
1103.	6. Januar	Mainz	127
	9. Februar — 4. März	Speier	127
	?	Flandern	127
	29. Juni — 15. Juli	Lüttich	127
	24. September	Speier	127
	26. September	Mainz	127
	25. Dezember	Regensburg	127
1104.	14. Januar — 28. Februar	Regensburg	127
	17. April (O)	Mainz	128
	Nach dem 17. April	Lüttich	128
	26. Mai — 5. Juni (P)	Mainz	128
	13. Oktober	Speier	128
	ca. 30. November	Aufbruch vom Rhein	129
	12. Dezember	Fritzlar	129
	25. Dezember	Mainz	129
1105.	15. Februar	Speier	129
	9. April (O) — ca. Ende Juni	Mainz	129
	ca. Anfang Juli — in den September	Würzburg	130
	September (?)	Regensburg	130
	September (?)	am Regen	130
	Anfang Oktober (?)	Netolitz	131
	Oktober (?)	Böhmen	131
	Oktober (?)	Erzgebirge	131
	Oktober (?)	Sachsen	131

			Seite
1105.	Ende Oktober	Mainz	131
	31. Oktober (?)	gegen Speier	131
	Anfang November	Mainz	131
	Mitte November (?)	Hammerstein	131
	24. November — 3. Dezember	Köln	131
	20. Dezember	Koblenz	132
		Aufbruch v. da rheinaufwärts	
	21. Dezember	Ritt bis Bingen	132
	22. Dezember	Gefangennahme in Bingen, Verbringung nach Böckelheim	132
	25. Dezember	Böckelheim	133
	31. Dezember	Ingelheim	133
1106.	Januar	Ingelheim	133
	Anfang Februar (?)	Köln	133
	Mitte Februar (?)	Aachen	133
	Ende Februar (?)	Lüttich	134
	Mitte März (?)	{St. Trond, Antwerpen}	134
	25. März (O)	Lüttich	134
	April	Köln	134
	Mai — 7. August	Lüttich	134
		† 7. August.	

Druckfehler:

Seite 6, Zeile 17: Statt Eckbert lies: **Ekbert**.
Seite 114, Zeile 1: Statt zu Anfang August lies: **für Anfang August**.

www.ingramcontent.com/pod-product-compliance
Lightning Source LLC
Chambersburg PA
CBHW030256170426
43202CB00009B/770